抓执行

不会带团队，
你就只能干到死！

高效执行的9个管理方法！ | 赵伟 著

当代中国出版社
Contemporary China Publishing House

图书在版编目（CIP）数据

抓执行：不会带团队，你就只能干到死！ / 赵伟著 . —北京：
当代中国出版社 , 2014.6
ISBN 978-7-5154-0476-9

Ⅰ . ①抓… Ⅱ . ①赵… Ⅲ . ①企业领导学
Ⅳ . ① F272.91

中国版本图书馆 CIP 数据核字（2014）第 131968 号

出 版 人	周五一
选题策划	杨佳凝
责任编辑	晋璧东　杨佳凝
项目监制	于向勇
特约编辑	马占国　王 蕾
装帧设计	主语设计
内文排版	百朗文化
出版发行	当代中国出版社
地　　址	北京市地安门西大街旌勇里 8 号
网　　址	http://www.ddzg.net　邮箱：ddzgcbs@sina.com
邮政编码	100009
编 辑 部	（010）66572434
市 场 部	（010）66572281 或 66572155/56/57/58/59 转
印　　刷	北京天宇万达印刷有限公司
开　　本	720×1020 毫米　1/16
印　　张	16 印张　200 千字
版　　次	2014 年 7 月第 1 版
印　　次	2014 年 7 月第 1 次印刷
定　　价	35.00 元

一切的竞争，都是执行力的竞争

★一个团队的成功，5%在战略，95%在执行！团队管理百万级畅销书作者赵伟最新力作！通用电气、丰田、联想、苹果、微软……全球500强企业都在运用的"高效执行"管理方法！

★一切的竞争，都是执行力的竞争！一切的执行力都取决于管理方法。如何提高团队执行力，是所有管理者最关心的问题。作者在畅销书《不会带团队，你就只能干到死》第一季的基础上，重点讲述了团队高效执行的9个管理方法，手把手教你提高团队执行力。内容简洁易懂，定位清晰明确，是中高层管理者提高团队执行力的必读之书。

★《孙子兵法·计篇》中说："夫未战而庙算胜者，得算多也，未战而庙算不胜者，得算少也。"所谓庙算，即是战略。身为管理者，不论是企业还是部门的掌舵人，都需要将战略融入自己的潜意识，一切以大局为重。唯有如此，你的团队才能以最高的效率劈波斩浪，一往无前。

★有人的地方就有规矩，人多了，规矩便成了制度。企业是由人构成的，对于身为管理者的你来说，制度便是你手中管理下属、让企业提高效率的最有力的武器。要想掌握这个利器，你不但要制定出良好的制度，还要时时刻刻用好它。如果制度这个利器当中被掺了杂质，那么它也就不再锋利了。

★人是构成企业的最基础的要素，管好人则是对一个优秀管理者的最基础的要求。管人是否成功对于一家企业来说至关重要。管好了人，人便成了企业的重要资源；管不好人，人便成了企业的祸乱之源。让人与人之间团结互助减少内耗，这便是提高企业效率的最好手段。

★ 权力是每个人都渴望得到的东西，然而只有那些真正手握权力的人才能意识到，有效率地行使自己的权力是一件多么不容易的事。事实上，权力越大，行使起来就越难，因此，只有对手中的权力进行有效的制衡与分享，才能让权力发挥应有的价值。

★ 没有任何一个优秀的管理者敢于忽视执行力的重要性，因为执行力是实干型企业与空谈型企业之间最大的差距，而沟通，则是提高执行力最有效的方法。将执行与沟通重视起来，企业便可以彻底摆脱人浮于事的窘境。

★ "把每一件简单的事做好就是不简单，把每一件平凡的事做好就是不平凡。"这是海尔集团董事局主席张瑞敏的话。所谓的"简单"与"平凡"便是企业日常运行中那些看似无所谓却又无比重要的细节。如果管理者能够重视细节，企业的运行效率也就有了保障。

★ 人心难测。古往今来，人心都是人们最想要掌控却又最难掌控的东西。而对于一家企业、一个组织来说，你不可能让所有的人心都向着你，但又要塑造好团队的向心力，让员工们心往一处想、劲往一处使，最好的办法就是让他们有共同的目标与对称的利益分成。

目录
C O N T E N T S

高效——管理的目的

管理，这是一个只要涉及企业行为，就必然要谈到的话题。与此同时，管理也是当下最热的话题之一，只要手底下多多少少有几个人的，张口闭口必谈管理。然而，管理这一话题虽热，真正懂得什么是管理的人，却寥寥无几。

要想解决"管理是什么"这个问题，我们不妨先来看看最专业的说法是什么样的。MBA、EMBA及CEO必读12篇等经管课程对"管理"的定义是：

管理是老板之间、股东之间、出资者和管理人员之间、老板和员工之间、领导和群众之间、上级和下级之间、合作伙伴之间、团队成员之间、企业和顾客之间的双赢合作，是上游产品和下游产品之间、生产链的上一个环节和下一个环节之间的最佳组合。

看起来有点绕，但其实只要抓住了关键词，整个定义也就明晰了。关键词一共有两个，一个是"双赢合作"，另一个是"最佳组合"。

这两个关键词阐明了管理的目的。无论对内对外，只要能够实现双赢的，就是最佳的组合，而管理本身，就是达到这一目的的手段，只要能做到这两点，就是好的管理。除了关键词之外，定义中还列出很多对相互关系，能够处理好其中一种，你就是一个优秀的管理者，而如果你能处理好所有这些关系，你就是一个极其杰出的管理者，你所带领的企业或团队，也将会在激烈的市场竞争中立于不败之地。

为什么要列举这些关系？因为这是管理当中的关键，同时也是管理的难点所在。在你的管理下，你需要让这些关系中的双方能够互利互惠，因为只有这样，才能尽可能地减少内外消耗，让一个组织健康地运行下去。简单来说，就是要通过管理来提高组织的运行效率。

"双赢"是实施管理的根本目的，"高效"是实施管理的直接目的，而让管理者的管理真正高效起来，则是这本书的最终目的。本书共分9章，分别从战略决策、制度建设、人力资源、组织结构、时间管理、沟通执行、细节管理、企业向心力和创新意识这9个方面详细阐述让管理变得高效的具体方法。身为管理者的你应该了解，本书所涉及的9个方面，正是管理的诸多环节当中最容易导致低效的9个方面，因此本书具有极强的实用性的指导意义。

除此之外，我们还在本书的附录当中列举了一些一个优秀的管理者所必须具备的素质，毕竟，提高个人修养也同样是提高自身管理能力的一个重要方面。希望广大读者可以以书中所说印证自身，以达到让自身的管理能力更上一个台阶的最终目的。

第一章
一切以战略为基准

  《孙子兵法·计篇》中说："夫未战而庙算胜者，得算多也，未战而庙算不胜者，得算少也。"所谓庙算，即是战略。身为管理者，不论是企业还是部门的掌舵人，都需要将战略融入自己的潜意识，一切以大局为重。唯有如此，你的团队才能以最高的效率劈波斩浪，一往无前。

◎ 人无远虑，必有近忧

两千五百年前，孔子曾经说过："人无远虑，必有近忧。"这句话流传至今，在企业管理中依然适用。

从字面上来看，这句话的意思是说，如果一个人没有长远的打算，那么眼前一定会有麻烦。这也就是说，一个人的眼光必须要长远，只有看得远、考虑得多，才能避免麻烦的到来。对于一个人的发展来说，要有长远的眼光；而对于一个企业来说，则需要有长远发展的战略。

可想而知，如果一个企业没有长远的战略，将会面临怎样的窘境。未来该向哪个方向发展？应该怎样去发展？谁也不知道。孔子的这句话，其实昭示了企业发展的必然道理：看得远，考虑得多，企业才能在竞争激烈的时代屹立于商业之林。

某印刷厂是一家专门从事报刊印刷的企业。这个企业创建的时间比较早，当时企业的创始人刘总已经在一家乡镇企业担任车间技术主任多年，拥有丰富的技术和管理经验，而这些正是创办企业的根本。

最早萌发创办企业的想法，是因为刘总看到了如同雨后春笋般涌现的民营企业。他认为自己有技术、有经验、有能力，可以创办一个企业。于是，他果断地辞去了车间技术主任的职务，依靠自己多年在印刷行业积累的经验和深厚人脉，建立了自己的企业。

在他的努力经营下，企业很快就走上了正轨，在当地市场站稳了脚跟。随着企业的不断发展，刘总的印刷厂承揽了当地几家主要报纸的印刷业务，每个月的业务量比较稳定。虽然企业的规模并不是很大，但总体收益还不错。对于刘总来说，作为一个小民营企业的老板，已经比当初的车间主任强上太多，他很满足现状。当他看到很多同行在竞争激烈的印刷市场中被挤掉、挤垮之后，更是暗自庆幸。

普通的报纸印刷，主要采用的是黑白印刷技术，使用的印刷机器也是行业内已经广泛使用的。这种机器，技术含量不高，但稳定性很好，操作也很简单。一般情况下，一个工人只要经过简单的培训，就能很快上手。刘总本人是使用这种机器的行家里手，深知这种机器简单易操作。他认为，只要认真维护好企业里的这些机器，同时和那几家报社保持好关系，企业就不会出现问题。基于这种想法，他不再考虑企业的长远发展，日子过得倒也逍遥。

可是好景不长，两年后，问题出现了。最先发生变化的，是报社。为了刺激经济发展，国家进一步鼓励新闻机构之间的市场竞争，尤其是对经济、娱乐、生活等新闻内容进行大幅度的放权。这使得各个报社开始扩大自主采编权，在内容方面更是想方设法吸引读者眼球。于是，报纸中带高质量图片的新闻越来越多。同时，各家报社为了吸引更多读者，对报纸的印刷质量也"苛刻"起来，开始对印刷厂提出更高要求。这些情况，给刘总的印刷厂造成了压力。

为了继续保持和报社的合作，刘总迫不得已，开始想办法提升印刷质量和印刷灵活性。可是，这个时候他才发现，自己企业里面的老设备，已经不能满足这两个要求。这个发现，让他开始惶恐，为了解决难题，他不得不向银行贷款，引进了具有国际先进水平的印刷设备。

很快，设备的引进、安装和调试工作都完成了。设备供应商也按照合约，对刘总企业里的员工进行了技术培训。

一切，似乎都在朝着好的方向发展。但是随着新设备的投入运行，刘总吃惊地发现，企业陷入了一片混乱之中。原来，新设备的精度很高，虽然操作比起过去的设备简单方便了很多，但对操作技能的要求却显著提高了。比如，新的设备不但要求操作人员要掌握印刷机械知识，还要求他们精通版面设计技能，并对色彩和版式等有很深的了解。这些知识，对于刘总企业的员工来说，完全是一片空白。刘总企业里的员工虽然接受了新机器的技术培训，但实际操作的时候却问题百出。

面对这些困难，万般无奈的刘总只好采取补救措施。他开始聘请老师，对员工进行内部培训。可是，在培训的过程中他又无奈地发现，企业里面的老员工由于素质和知识的局限，很难在短时间内被培养成合格的技术人员。这也就是说，内部培训根本行不通。

那怎么办？没有办法，只能外聘。为了聘请到合适的印刷技术人员，刘总可谓绞尽脑汁。他从已经使用这些先进的印刷设备的企业入手，寻找到了一些合格的技术人员。然后，他不得不采取挖墙脚的策略，用高薪从那些企业挖人。以高薪为诱饵，他费尽心力，终于挖来一些合格的印刷技术人员。

这些技术人员，成了刘总企业里的"星星之火"。依靠这些人的带领，刘总的印刷企业渐渐走上了正轨。虽然想到那些不得不付的高薪，刘总会有些心疼，但他也只好这样宽慰自己：万幸，企业保住了。

为了企业的生存，刘总付出了很大的努力。我们可以说他是一个勤劳的管理者，却不能说他是一个优秀的管理者。因为，他让自己的企业一直在生死边缘徘徊。而造成这一现象的根本原因，就是他没有"远虑"。是的，因为看得不够远，所以他的企业不得不面对近在眼前的忧患。

老人们常说，"天有不测风云，人有旦夕祸福"，这句话用在人身上合适，用在企业身上依然合适。现代社会，竞争高度激烈，企业之间的竞争更是异常残酷。可以说，稍有不慎，企业就会落后，甚至是消亡。所以，作为企业的管理者，必须要把企业眼前的"祸"消减至最少。怎样消？很简单，看得更远一些。这就好比汽车的车灯，近光灯照的只是眼前，而远光灯则能照出更远处的坑洼。管理者必须要打开"远光灯"，才能为企业的前进照亮道路。所以，为了企业的发展，或者为了团队的成长，管理者必须未雨绸缪，高瞻远瞩，为将来谋篇布局。

当然，我们也可以说，管理者必须要学会谋划企业或团队的发展战略。这个时代，谁能拥有更高一筹的战略眼光，谁就具备了发展壮大的资本。

◎ 眼光决定高度

在某大学的课堂上，老师给学生们上了一堂极为精彩的课：他拿出一张中间有一个黑点的白纸，问学生们看到了什么。全班学生盯住这张白纸，齐声喊道："一个黑点！"老师失望地说："没有人看到这张很大的白纸吗？只盯住一个黑点，将来你们的一生会非常不幸。眼光集中在黑点上，黑点越来越大，最后整个世界都会变黑。"

老师的话引起了学生们的思考，一时间整个教室寂静无声。在沉默中，老师又拿出一张中间有一个白点的黑纸，再次问学生们看到了什么。这一次，全班同学都开窍了，他们齐声回答："一个白点！"老师开心地对学生们说："太好了，无限美好的未来在等着你们！"

据说，这一堂课让联合国前秘书长安南顿悟，思维模式因之发生了改变，他确信世界上没有化解不了的冲突、解决不了的难题。

这堂课为何如此神奇？或者说，它的神奇之处究竟在什么地方？无他，这堂课所演绎的内容只有两个字——眼光。只要拥有超人一等的眼光，那么"黑点"就挡不住视野，"白点"就充满了希望。

所谓眼光，指的是观察事物的能力。每个人看待事物的眼光都不尽相同，有些人只能看到眼前，有些人则能穿过眼前看到未来；有些人只能看到表象，有些人则能透过表象看到本质。很显然，那些观察能力强、眼光能够达到更深层次的人，往往能够看得更高、更远。他们拥有超人一等的眼光，是这个时代最受命运眷顾的宠儿。

超人一等的眼光，多是全面的、深刻的、大气的、通达的，而非片面的、浅薄的、狭隘的、僵滞的。唯有拥有独到而过人的眼光，我们才能从惯性思维的"一亩三分地"里跳出来，走出自满的泥沼，以开放的心态吸纳新知识，以开放的思维思考问题。然后，我们才能有承担风险和压力，不断挑战自我和创新的勇气；才能始终保持自我，拒绝浮躁和诱惑，并埋头实干，持续提升自己；才能保持清醒的头脑，站在高处冷眼俯视全局，见微知著，做出最理性的决策；才能拿出更为完善的战略，向着更高的目标冲刺，不懈地追求精彩与完美。

总而言之一句话：眼光决定了高度。我们能够看到多高的山峰，是登上相应高峰的前提。

一百多年前，一位穷苦的牧羊人带着两个幼小的儿子以替别人放羊为生。有一天，他们赶着羊群来到一个山坡上，一群大雁鸣叫着从他们头顶飞过，然后消失在远方的天际。父子三人看着大雁消失的方向，默然不语。

小儿子打破了沉默，他问牧羊人："大雁要飞到哪里？"

牧羊人说："它们要去一个温暖的地方，在那里安家，度过寒冷的冬天。"

大儿子眨着眼睛羡慕地说："要是我也能像大雁那样飞起来就好了！"

小儿子也说："我也想做一只会飞的大雁，飞到温暖的地方！"

牧羊人沉默了一会儿，然后对两个儿子说："孩子们，只要你们想，你们就能飞起来！"

两个儿子试了试，但都没能飞起来，他们用怀疑的眼神看着父亲。牧羊人认真地说："好吧，现在让我飞给你们看。"

于是，牧羊人张开了双臂，向上跳了起来。

自然，他也不能飞起来。可是，他却肯定地对两个儿子说："我是因为年纪大了，所以才飞不起来。你们还小，只要不断努力，将来就一定能够飞起来，飞到想去的地方。"

两个儿子牢牢记住了父亲的话。从此以后，他们的眼光变了，不再只是盯着羊群，而是转向了天空。为了实现能飞的理想，他们一直努力着。等到他们长大——哥哥 37 岁，弟弟 33 岁时，他们果真飞了起来，因为他们发明了飞机。

这两个人，就是美国的莱特兄弟。

眼光之所以能够决定高度，那是因为它为我们设定了一个前进的目标。莱特兄弟为什么能够发明飞机，站在成功的巅峰？他们在发明创造的过程中，付出了极大的努力，或许也会有一些运气的成分。但是无论如何，这些都要建立在"看见"的基础之上。这也就是说，当人们还在地上奔跑的时候，他们的眼光就已经穿透云层，到达了白云之上。那是他们的目标，是他们奋斗的方向，如果缺了这个目标，那么穷尽一生他们也不可能发明飞机。

鉴于此，人们总结出了"眼光"的真正内涵。眼光，就是确信"没有人一开始就站在最高峰"的精明；眼光，就是"不争一日之长短，不图一时之痛快"的胸襟；眼光，就是远离琐碎，保持焦点，把精力集中在最出成效的地方的定力；眼光，就是如海绵般汲取，但绝不拾人牙慧的灵智；眼光，就是欲取先予，共享双赢的明达；眼光，就是站在制高点上审视自我，然后继续向高处迈进的强劲；眼光，就是敏锐洞察，并像百米赛跑那样随时处于爆发的状态……眼光，其实应该如一张精确的地图，上面标注好了每一步所应采取的战略手段。因此，拥有了超人一等的眼光，我们就等于获得了未卜先知的能力。

在这里，我们想要阐述的问题是管理，那么眼光究竟与管理存在着怎样的联系？我们知道，时下有一个很流行的词语叫作"战略眼光"，这说明了眼光同管理的关系。

当今世界公认的研究竞争战略和竞争力的第一权威迈克尔·波特在《什么是战略》一文中认为，战略就是创造一种独特、有利的定位，涉及各种不同的运营活动。由此我们知道，战略眼光就是能够尽早地发现企业中可能存在的机会和可能面临的威胁，要有一定的预见能力。当然了，这种预见能力，并不是拍拍脑袋就有的超能力，而是通过周密细致的分析、判断而做出的一种理性的决策。这种神奇的未卜先知的能力，自然就是超人一等的眼光带来的。显而易见，"战略眼光"能够给管理带来巨大的好处。无论是管理自己、管理下属还是管理企业，我们一旦能够"预见未来"，那么接下来的工作将会轻松得多。

举个简单的例子：假如某家公司有一位精明的管理者，他拥有超人一等的战略眼光。通过敏锐观察、细心分析，他发现公司高速发展的背后，其实存在着严重的危机。这个时候，相对于其他管理者来说，他的眼光其实已经更高明了。他的这种战略眼光，为解决公司的隐患打下了基础。这就好比在行军途中能够精确地发现地雷，排除险情，赢得胜利自然就容易很多了。

当然了，眼光给管理带来的好处绝不止于此，我们可以这样理解：眼光就像是一条通向高处的光明通道，让我们在前进中避免磕磕绊绊，快速走向成功。当然了，看得越高，望得越远，我们的脚步就越能到达更高更远的地方。眼光决定高度，其实一点儿也没错。

◎ 正确决策的五个要素

孙武在《孙子兵法·计篇》中说："兵者，国之大事，死生之地，存亡之道，不可不察也。"意思是说，战争是国家的大事，关系到国家的生死存亡，不能不认真地观察和对待。在今天的社会里，烽火连天的战争已经愈来愈少，但是没有硝烟的战场却俯拾即是。这其中，争斗最激烈、杀伐最惨烈的地方，当属商场和职场。一句"商场如战场"，道出了所有身处其间者的无奈和艰辛。可以说，"战争"是企业的大事，关系到企业的生死存亡，怎样认真研究和对待，是一个亟待解决的问题。

严格来说，如何研究如何对待只是"战争"的开端，我们要想管理好企业，取得"战争"的胜利，还需要一个重要的"武器"，这个"武器"就是正确的决策。没错，决策之于管理者，就如同食物之于人，是生存之必需。任何一个管理者要想让企业生存下去，并带领企业发展壮大，就必须做出最正确的决策。

美国管理大师彼得·德鲁克认为，管理者决策能力的高下，深刻影响着企业的成败。正确的决策越多，越能带来正确的选择，自然就能支持企业走得越远。相反，如果管理者在某些重大抉择面前行差踏错，那么企业可能就此走上一条不归路。俗话说"一着不慎，满盘皆输"，用在这里一点儿也不为过。管理者的决策能力，绝对是企业生存的基础。

但是，彼得·德鲁克又提出，管理者任务繁多，决策只是其中一项。举个生活中常见的例子：吃饭虽然对我们非常重要，但绝对不是唯一，除了吃饭之外我们还要做很多事情。而且在大多数时候，吃饭的重要性还被我们排在了其他事情的后面。同样，管理者的决策虽然非常重要，但是他们通常不需要花很多时间来做决策。因此，快速地做出正确的决策，是管理者高效管理的基础。

针对这个问题，彼得·德鲁克总结出了正确决策的五个要素：

第一，要确实了解问题的性质。

如果问题是经常性发生的，那就只能通过一个建立规则或原则的决策解决。

彼得·德鲁克认为，要想做出有效的决策，管理者首先需要辨明问题的性质。他们需要弄明白，某一问题是一再发生的经常性问题呢，还是偶然的例外？换言之，某一问题是否为另一个一再发生的问题的原因，或是否确属特殊事件，需以特殊方法解决？至于如何解决，那就要根据问题的性质区别对待了。倘若是经常性的老毛病，就应该建立规章制度来根治；而偶然发生的例外，则应该按情况做个别的处置。

这就如同人生病的时候，如果是老毛病犯了，按照惯例吃点药就没事了；但如果是突发性疾病，就得根据病情想办法治疗了。

当然了，"经常"和"例外"并不足以涵盖所有问题的性质。彼得·德鲁克认为，按问题的发生情况来说，问题的性质大概有四类。第一类，是真正经常性的问题，或许这其中会有个别特例，但那只是一种表面现象；第二类，虽然是在某一特殊情况下偶然发生，但在实质上仍然是一个经常性问题；第三类，是真正偶然的特殊事件；第四，是首次出现的"经常事件"。几乎所有的问题，都逃不出这四大性质的分类，而弄清楚问题的性质，则是我们正确解决问题的关键。

上面四种分类中，除了"真正偶然的特殊事件"之外，其余三类均需要一种"经常性的解决方法"，换言之，一种规则、一种政策或者一种原则就可以解决问题。即便问题再度发生，只要有了这种解决的方法，那么正确决策就显得轻而易举了。至于"真正偶然的特殊事件"，那只能个别问题个别对待，没有原理可循。

虽然管理者需要花时间和精力来确定问题的性质，但毫无疑问，一旦正确确定了问题的性质，那么接下来的决策就很容易了。所以，一位高效管理者在做决策的时候，总会先从问题的性质入手。当然了，如果确定问题性质的时候出现错误，那么决策也会出现错误。这一点，不可不防。

第二，要确实找出解决问题时必须满足的条件。

换言之，就是要找出问题的"边界条件"。什么意思呢？就是说，我们必须要弄清楚决策的目标是什么，应该满足什么条件，这个条件就是所谓的"边界条件"。很显然，一项有效的决策，必须满足"边界条件"，必须能够达成目的。

我们可以想象：医生为病人看病的时候，是不是把病因诊断得越详细越好？当然是这样！因为诊断越详细，越能使医生做精准的治疗，对症方能下药。同样，边界条件说明得越清楚和精细，那么管理者据此做出的决策就越正确、越有效，也就越有利于解决问题。相反，如果边界条件不够明确，那么抱歉，无论管理者做的决策看起来多么了不起，也不一定会是正确的决策。

其实，聪明的管理者都应该明白，一项不能满足边界条件的决策，肯定是无效和不正确的决策。"庸医误人"，就是因为他在做决策的时候，超出了边界条件，而不能满足边界条件的决策要比满足"错误的边界条件"的决策更加误事。当然了，不满足边界条件和满足错误的边界条件，都是做出错误决策的诱导因素，我们应当对边界条件保持清醒的认识，谨之慎之。虽然任何人都可能会做出错误的决策，但是任何人做决策的时候，都不能不顾及边界条件。

第三，仔细思考解决问题的正确方案是什么，以及实现这些方案必须满足哪些条件，然后再考虑必要的妥协、适应及让步事项，以期该决策能被接受。

简单来说，我们需要研究"正确"的决策是什么，而不是研究"能为人接受"的决策是什么。为什么要这么做？很简单，那是因为人们总有采取"折中"办法的倾向，希望两边都能顾及。例如在买衣服的时候，我们总想以低价买到衣服，而卖家则想以高价卖出衣服，双方讲了半天价，最后都退一步，取中间的价格完成买卖。这样的折中用在买卖中或许合适，用在决策中却不太合适，因为它会让我们偏离决策的正确方向。因为，如果我们不知道符合规范及边界条件的正确决策是什么，就无法辨别正确的折中和错误的折中之间的区别，可能会因此做出错误的选择。

由此可以知道，做决策的时候，我们最需要注意的，就是先不要去考虑这项决策是否容易被他人接受。一旦考虑这些，我们就极有可能会以折中的心态来调整自己的决策，这样，我们将很难做出正确的决策。

第四，决策方案要同时兼顾执行措施，让决策变成可以被贯彻的行动。

管理者做出决策的目的，是实现一定的目标，而只有将决策贯彻执行才能真正实现目标，否则就成了空想。可是，有很多管理者总是会犯这样一个错误：一味地追求策略的完美，却忽略了可行性。这种决策自然是错误的决策，因为根本无法实现。所以，从决策开始，我们就应该将可行性纳入决策之中，以免出现"纸上谈兵"的笑话。我们必须要明白，一项决策如果没有列举一条一条的行动步骤，并指派具体的工作和责任，那便不能算是一项决策，最多只是一种意愿而已。如果我们是决策者，那么可以问问自己以下这些问题：谁应该了解这项决策？应该采取什么行动？谁采取行动？行动应如何进行？如果回答不了这些问题，那么抱歉，这不是正确的决策。

第五，在执行的过程中重视反馈，以检查决策的正确性及有效性。

我们需要明白，即使是最有效的决策，总有一天也会被淘汰的。因此，我们若想了解自己做出的决策是否仍然有效，就要亲自检查。如果反馈不能反映实际情况，而我们又不肯亲自察看，那么决策的正确性就不能保证了。

彼得·德鲁克讲了这样一个故事：艾森豪威尔当选美国总统之后，前任总统杜鲁门感叹道："可怜的艾克，他是军人，下达命令后必有人执行。但是现在，他要坐在这间大办公室里了，只怕他以后发布命令，一件事也做不成。"为什么会这样？难道军事将领的权力比总统更大？当然不是！原因就是，军事将领发布命令后，可以通过信息反馈制度，即亲自视察或者派人检查，了解执行情况，而总统却只能在办公室里看报告，而报告这样的信息反馈，未必靠得住。

以上就是有效决策的五个要素，我们需要依此做出正确的决策。

◎ 机会从哪里来

一个优秀的管理者，能够把握机会制定战略。他知道有哪些机会可以发掘和利用，为企业制定合理的战略，让企业发展壮大。荣士达前董事长陈荣珍曾经说过一段很有意思的话："共同拥有同一个太阳，但大家感受到的温暖程度却各不一样。谁自身状况调解得好，谁就接受的阳光更多。"看看，这其实就是对机会的把握。

对于管理者来说，为企业制定战略虽然不是日常功课，却是重点课。好的战略不需要很多，一段时期内有一个就够了。但是，这一个战略却无比重要。当然，它的制定就显得更为重要了。所以，在战略制定前，管理者应该学会寻找一些有利的机会，为制定战略做准备。

海尔集团董事局主席张瑞敏曾说："没有思路就没有出路。"这个道理虽然很浅显，但是很难做到，因为很多管理者发现：思路很重要，但总是难以找到。这怎么办？擦亮眼睛，寻找机会。张瑞敏提出，海尔要有"三只眼睛"：第一只眼睛是盯住企业内部员工，使企业员工对企业的满意度最大化；第二只眼睛是盯住企业的外部市场，盯住用户，使海尔的用户对海尔的满意度最大化；第三眼睛是盯住企业外部机遇，盯住国外市场，使海尔融入全球一体化。海尔之所以能够寻找到很多机会，屹立于商业之林，与这"三只眼睛"有很大的关系。我们可以看出，这"三只眼睛"，其实就是海尔的管理者在不停地寻找机会。当然，是寻找制定战略的机会。

东汉末年，曹操和袁绍逐鹿中原。刚开始的时候，袁绍兵强马壮，占据了河北等富庶之地，实力远胜曹操。天然的优势，使得袁绍非常得意，认为自己已经稳操胜券。可是，随后的一些战争，却让他感觉到了忧虑。原来，曹操虽然兵将不多，但骁勇善战，几战下来，居然和袁绍打得不分胜负。直到这个时候，袁绍才开始有如临深渊般的焦虑。

这个时候，身边的谋士给袁绍献策。沮授提出了"西迎天子，挟天子以令诸侯"之计，他觉得很有道理，打算从其计行事。但是，另外一个谋士郭图却说，汉室快要灭亡了，想要再兴盛已经不可能。既然如此，为什么还要去迎接汉室天子，让自己受到牵制呢。袁绍一听，觉得郭图的话很有道理，于是便按兵不动，静观其变。

另一边，曹操也在为战事发愁。他知道，己方虽然能够和袁绍持平，但兵力还是有些不足。应该怎么办呢？这个时候，他身边的谋士也为他提出了一项战略计划，同样是"挟天子以令诸侯"。曹操认为，汉室天子身边无人，正是自己崛起的机会。于是，他果断地迎回了汉室天子。

很有戏剧性的一幕出现了：在袁绍左右观望时，曹操却将汉献帝迎到了许昌。结果，曹操挟天子以令诸侯，众多州郡归附。最终，袁绍被曹操所灭。

著名剧作家萧伯纳曾经说过："人们总是把自己的现状归咎于运气，而我不相信运气。我认为，凡是出人头地的人，都是自己主动去寻找所追求目标的运气；如果找不到，他们就自己去创造运气。"看看，机会从哪里来？就从这里来。曹操和袁绍面对同样的机遇，因为曹操抓住了机会，制定了发展战略，所以最终打败了袁绍。对于一个管理者来说，战略是必须要有的东西。而战略的制定，则需要从机会中寻找。机会从哪里来？擦亮眼睛，多看，多想，也就够了。张瑞敏带领下的海尔人能够有"三只眼睛"，我们为什么不可以？

绝大多数管理者都知道战略的重要性，但总有一部分管理者无法制定出适合组织发展的战略。他们的理由是：不知道路该怎么走。这个看似不像理由的理由，却打败了一大批管理者。因为企业没有合适的战略路线，所以发展便呈现出一种迷茫的状态，而管理也是一片混乱。之所以找不到路走，还是因为没有发现机会。我们为什么不想一想，机会其实就在身边呢？

20世纪80年代初，美国刮起了一场可怕的"黑旋风"——艾滋病！这种疾病的可怕之处就在于，任何药物都阻止不了性接触后可能带来的恐怖后果，那就是死神的光临。既想保持开放的性观念，又怕见上帝的美国人发现，有一种小玩意儿能够有效地抵挡死神的侵袭，那就是避孕套。可是当时，美国国内自产的避孕套一时无法满足市场的需求。

虽然隔着太平洋，日本的两位商人却从报纸上敏锐地捕捉到了这一信息。他们认为，这是一个千载难逢的机会。于是，他们果断为企业制定了近期战略，那就是大批量生产美国人喜欢的避孕套。

于是，在极短时间内，这家公司加班加点生产出成箱成箱的橡胶避孕套，并火速运往美国。一时间，美国众多代销店门庭若市，两亿多只避孕套很快销售一空。而那家日本公司，则因为这一战略，很快成为行业内的龙头老大。

机会从哪里来？那两个日本人，很好地告诉了我们。作为管理者，我们需要眼观六路耳听八方，敏锐地捕捉到身边那些有关机会的线索。仔细观察，我们就会发现，机会一直存在。

经济学家说：企业要经营，战略要先行。我们在这里则要告诉大家，战略先行固然没错，但是在制定战略之前，我们要先学会寻找机会。我们必须明白，那些或潜藏或已经显现的机会，是制定战略的依据。机会在哪儿？就在我们身边。

◎ 市场变则战略变

制定战略是一个企业高层管理人员最重要的职责。俗话说："火车跑得快，全靠车头带。"一个企业要想实现长远发展，必须要靠企业发展战略的指引。每一项战略决策的出台都将决定企业在今后很长一段时间的发展方向，甚至能决定一个企业的生死。

在企业界有这样的信条："什么都可以出错，战略不能出错；什么都可以失败，战略不能失败。"这也是企业家们总结长期的经验教训得出的结论。正是因为战略决策有重要的作用，决策的制定者就应该以高度负责任的态度，慎重对待，尽最大的努力确保战略决策的正确性，让企业能够在正确战略决策的指引下实现长期发展。

实践是检验真理的唯一标准。企业战略是一种长期和整体的规划，其目的是实现企业自身的目标，完成相应的任务。这里的目标和任务指的是什么？说得简单一点儿就是通过企业的生产和经营活动，从市场中获得利益。因此，市场是企业唯一的实践平台。只有认识了这一基本的规律，企业管理者才能在制定战略决策时有的放矢，通过制定出符合市场需求的战略决策来指导企业的发展。只有坚持了这一原则和标准，企业管理者才能制定出富有远见和指导意义的战略决策。

一般来说，企业战略可划分为总体战略、经营战略和职能战略。只有准确把握了市场的发展趋势，企业管理者才能制定出对企业发展有利的战略决策。要做到这一点，就必须先对国内外同行的生产经营方式、管理情况以及市场的变化、相关国家的政策、客户的喜好进行深入的了解，同时将竞争对手的各方面和自己的企业进行对比。虽然涉及的方面很多，但总的来说都是为了适应市场需求。

作为企业家，每一个战略的制定都不能只是跟随潮流，因为潮流只能代表短时间的市场热度，并不能完全满足战略计划对企业发展起长期指导作用的需求，但是，对于市场潮流又不能完全弃之不顾，因此企业的发展战略要有阶段性和足够的弹性。企业制定战略是顺应企业发展的需求，但是企业在发展战略上不能一成不变，需要根据市场的变化而变动，做到随需而动，以确保制定的战略有足够的空间来涵盖每一个市场发展阶段的需求热点。联想集团战略决策的制定就是这样一个经典范例。

联想是中国科学院计算技术研究所在 1984 年成立的一个微型企业，成立时只有 20 万元的启动资金。虽然有研究所的技术支持，但在中关村，刚刚涉足这一领域的联想还只能算是后来者和默默无闻的追随者。一个企业要想生存和发展下去，就必须要以市场来说话。正是因为看到了这一点，联想集团的创始人柳传志为企业制定了适合市场需求的战略决策，让企业一次次成为市场中的获利者，帮助联想公司从最初只有 11 名工作人员的微型企业，发展壮大成为全球第一大 PC

生产厂商。

柳传志刚刚创办联想的时候，中国的计算机市场刚刚起步，社会上已经逐步认可了电脑作为新兴办公用品所带来的工作效率的提高，国内正处于第一次计算机热卖的浪潮中。正是看准了这波浪潮，柳传志掌舵的联想立即投入到办公电脑的研发和生产之中。随着产品陆续投放市场，联想的付出很快收到了回报，资金也从最初的20万元快速累积到70万元。当时国内的电脑，除了运行速度比较缓慢之外，还有一个重大的问题，就是无法进行汉字输入，柳传志从这个问题上再一次看到了巨大的市场需求，将企业的70万元流动资金全部投入到联想汉卡的研发上。汉卡研发成功之后，联想公司获得了大量的市场订单，光是这一种产品，就让公司在一年内获得了300万元的销售收入。

经过三年的发展，联想公司虽然已经在国内电脑市场小有名气，但毕竟成立的时间太短，在产品的独立生产上还存在很多技术瓶颈。经过认真的分析思考，柳传志决定将企业暂时定位为电脑代理公司，通过销售进口电脑和自己研发的汉卡来积累资金和技术。这一战略决策让联想的汉卡市场得到了充分的挖掘，联想的汉卡销售又一次创造了新的纪录。

接着，联想公司又开始寻求与其他企业进行战略合作，对象是美国的虹志公司。与虹志公司的战略合作，为联想公司赢得了巨大的市场声誉，帮助联想公司成为国内电脑销售市场的霸主。一年之后，柳传志根据联想自身的实力，为企业选择了一个以国际化带动企业发展的战略。他在香港成立了联想科技有限公司，继续在电脑销售领域开拓市场。除此之外，联想还不断对自己的汉卡进行改进，同时也在暗自进行个人电脑的独立研发。到了1990年8月的时候，香港联想研制的主板成功地打入了国际市场，联想也得到了中国政府的允许，可以生产属于联想自己的电脑。自此，联想真正拥有了自己独立研发的电脑产品。

到 21 世纪初，虽然联想在国内台式电脑的生产和销售方面的地位无人能撼动，但是当时世界个人电脑发展的主流正由台式机向笔记本电脑转变。此时的联想虽然已经在台式电脑方面拥有成熟的技术，但若想研制更为精巧的笔记本电脑，依然存在很大的技术瓶颈。对于这一点，柳传志和其他的高层管理人员都非常清楚。后来，联想的一位高级管理人员在接受记者采访时坦言："直到 2004 年，联想还依然不具备独立生产一台笔记本电脑的能力。"

当时的国内市场，联想虽然能够在台式机市场保持一定的优势，但国内的竞争对手已经发展起来，另外国外的电脑品牌也涌入中国，希望在越来越庞大的中国市场分一杯羹。此时的联想处于国内外竞争对手的夹击之中，再一次面临严重的发展危机。

要想从这种困境中走出来，联想只有两个办法：第一就是将产品推入国际市场，但以当时联想的国际知名度来看很难有所突破；第二个办法就是在笔记本电脑的生产上取得突破，这对联想来说难度同样不小。在这危急关头，柳传志再次做出了一个惊人的决策——收购 IBM 的全球 PC 业务！这种蛇吞象的收购风险很大，却能打破联想在笔记本电脑生产技术上的瓶颈，同时也能帮助联想成功打开国际市场。这种一举两得的战略决策让联想脱胎换骨，再一次站在了全新的高度上。

根据周围环境和市场需求的不断变化，柳传志不断地调整自己的战略，将联想集团打造成全球第一大个人电脑生产商。由此可见，任何符合市场需求的发展战略都能给企业发展带来帮助。企业管理者在制定企业战略决策时，也应以找准并满足市场需求为原则。但是，企业战略的变动不是盲目的，需要经过市场分析才能决定和执行。只有准确把握了市场的发展脉络和方向，才能做出符合市场当下潮流和未来趋势的正确决策。

◎ 战略的终极目的是实现目标

有很多人搞不清楚战略和目标有什么关系，认为企业的战略和目标是两个互不相干的概念，这种认识并不正确。

其实，战略是为实现目标服务的。目标是对企业经营活动要取得的主要成果的期望，而战略就是要实现这种期望。战略和目标的设定，同时也是企业宗旨的展开和具体化，是企业宗旨中确认的企业经营目的、社会使命的进一步阐明和界定，也是企业在既定的经营领域展开经营活动所要达到的水平的具体规定及其方法。

简言之，目标就是一个行动的目的地，战略就是达到这个目的地的方法或者途径。或者，我们也可以说，战略就是实现目标的道路。

从战略和目标的关系中我们可以看出，目标在一个企业或者团队中的重要性。一个企业或者团队，无论制定什么样的战略，都必须围绕着目标。目标就是团队前进的灯塔。因此，任何一个团队的管理者，在领导团队前进之前，都必须为团队确定目标。

有人做过一个调查，问团队成员最需要团队管理者做什么。70% 以上的人回答：希望团队管理者指明目标或方向；而问团队管理者最需要团队成员做什么，几乎 80% 的人回答：希望团队成员朝着目标前进。可见，目标是这样的重要，如果没有了目标，那么团队的战略也就无从谈起。所以，在一切以战略为基准的团队管理中，我们有必要对目标有一个全新的认识。因为，只有确定了目标，才能确定战略，其余的一切活动才能够在战略的基础上展开。

对于团队目标，有人说："没有行动的目标只能是一种梦想，没有目标的行动只能是一种苦役。"的确，没有谁愿意跟随一个没有前进目标的管理者，也没有谁愿意在一个没有发展目标的企业中工作。因为没有目标的工作，相当于没有方向的征途。如果是这样，那么再完美的发展战略，也只不过是一个笑话。

如果还不相信，我们不妨先来看一个故事：

一队毛毛虫在树上排成长长的队伍前进，有一条带头，其余的依次跟进，一旦带头的毛毛虫找到食物，停了下来，它们就开始享受美味。有一个调皮的小孩子对这个现象非常感兴趣，于是他将这一队毛毛虫放在一个大花盆的盆沿上，使它们首尾相接，排成一个圆，带头的那条毛毛虫也排在队伍中。随后，小孩又在队伍旁边摆放了一些毛毛虫喜爱吃的食物。

那些毛毛虫开始移动，它们像一支长长的游行队伍，没有头，也没有尾。小孩原本以为，毛毛虫会很快厌倦这种毫无用处的爬行而转向食物。可是，出乎他意料的是，那只带头的毛毛虫一直跟在前面毛毛虫的后面，它失去了目标。就这样，这些毛毛虫沿着花盆边沿爬了很久很久，而没有注意到附近的食物，最后都饿死了。

仔细想想，现实中不少人不正像这些毛毛虫一样吗？他们有智慧、有活力、有激情，可就是没有明确的目标。由于没有目标的指引，他们失去了人生前进的方向，时而向东，时而向西，把自己的精力和智慧浪费在了没有意义的横冲直撞之中。

所以，不论我们是经营小店铺，还是领导大企业，在面对团队成员时，我们都需要有这样的决策力——要明确提出公司及团队的目标，让大家都怀有共同的梦想和希望。如果我们能够通过目标有效地协调不同成员的行为，那么我们就可以称得上是出色的管理者了。

三星集团是韩国最大的企业，是韩国民族工业的象征。在公司建立之初，三星的创始人李秉哲先生就提出了"我坚信，我们完全可以成为世界公认的领先者之一"的理念，并且向每一位三星的员工宣讲。在许多三星人看来，三星所做的不懈努力，为的就是实现这个目标。在后来的工作中，整个三星和每一个员工都非常重视质量与创新，以此满足消费者需求。就这样，三星迅速发展，成为韩国知名的民族企业。

1987年11月李秉哲去世，他的儿子李健熙接任成为集团新的CEO。一上任，李健熙就宣布集团要"二次创业"。他提出，三星的目标是，到2005年，在现有的基础上，争取数字电视、打印机等也成为世界第一的产品，力争使30种产品成为'全球市场占有率第一"。为此，他提倡员工们制作工作图表，将一个星期以前的、一年以前的成果和今天的成果进行比较，进而激励自己为达成目标而积极向上，持续不断地努力。2004年，三星基本实现了李健熙的愿望，近30种产品全球市场占有率第一。

面对良好的发展势头，李健熙没有沾沾自喜，相反他保持着清醒的认识，进一步确立了2006年赶超日立、西部数据，成为市场第二的目标，又提出了"Wow（惊叹）、Simple（简单）和Inclusive（亲和力）"的品牌理念。从此，三星展开了一个全球范围的品牌推广活动。目前，它已是全球第一大手机生产商、全球营收最大的电子企业。

由于李秉哲和李健熙父子的坚持不懈，他们所规划的每一个战略都得到了实施，这是三星成功的重要因素。我们不难发现这样一个真理：一个人获得成功，从确定一个目标开始。确定了正确的目标，再加上正确的发展战略，就会引导实施者走向成功。

明确我们必须做什么，我们该怎么做，这就是决策的意义。一般情况下，大多数人在进行团队建设时，可能觉得为团队确定目标还是相对比较容易的。但是建立一个正确的、明确的而且能令下属们兴奋起来的目标，就不是那么容易的事情了。

在这里，管理者必须把握以下两个要点。

第一，重视下属的不同心态。

我们还是先来看一个寓言故事：

一条猎狗跟随主人去森林里打猎，途中追赶一只兔子。猎狗一直追赶兔子，但追了很久仍没有抓到。主人看到此种情景，讥笑猎狗说："你居然还没有一只兔子跑得快。"猎狗回答说："我们两个的跑是完全不同的！我仅仅为了一餐而跑，而它却是为了性命而跑呀。"

这个故事揭示了一个道理：在团队中，不同角色的成员的目标是不一致的。目标不一致，导致其动力也会不一样，这就会出现不同的工作状态。例如，项目主管直接承担项目责任，往往会保质保量地完成项目；项目成员可能是打工心态，我干一天你要支付我一天的工资，往往会能少做就少做，甚至消极怠工。

因此，管理者在制定目标时要善于发现下属的心态差异、基本价值观差异，理解他们的不同需求。通过这些分析，使团队成员形成共同的信念并与团队目标一致，这样才能让团队成员同心同德，为达到共同的目标而齐心协力。

第二，目标要切实可行。

团队目标一定要切实可行，讲究科学性。目标定得太高，大部分的下属很难做到，他们就会觉得难以实现，容易打击大家的士气；目标定得太低，谁都能够做到，又很难起到激励人的作用，一般不会让下属产生努力工作的激情。

怎么做呢？研究表明，最佳的目标是具有一定难度的目标，既能激发和拓展人的能力，又是通过努力可以达到的。当人们面对一定的困难和挑战时，将会付出更多的努力。有一定难度的目标，能持久地激励人们争取实现目标，而不是放弃努力或满足现状。

例如，美国的波音公司曾经确立过一个"6年内降低成本30％"的目标。在制定这个目标之前，决策者通过研究发现"降低成本30％"具有一定的挑战性，但他们又通过其他公司的类似试验确认了"6年内降低成本30％"是可行的，之后才确定了这一目标。

作为管理者，我们必须明白：战略的终极目的是实现目标。这也就是说，当我们带领团队在战略的指导下前进的时候，还要注意盯着前面的目标。我们前进的目的，就是为了实现目标。如果失去目标，那么我们就得停下脚步了，这个时候就算战略再完美，也只是梦幻。管理者的一切管理都要以战略为基准，但是战略必须要围绕着目标。

第二章

制度，管理的标尺

有人的地方就有规矩，人多了，规矩便成了制度。企业是由人构成的，对于身为管理者的你来说，制度便是你手中管理下属、让企业提高效率的最有力的武器。要想掌握这个利器，你不但要制定出良好的制度，还要时时刻刻用好它。如果制度这个利器当中被掺了杂质，那么它也就不再锋利了。

◎ 严密的制度，是高效管理的关键

俗话说："没有规矩，不成方圆。"这句话的意思是，无论做什么事情，都要有一定的规矩、规则和方法，否则无法成功。在今天，"规矩"被人们赋予了新的意义，变成了法则、标准、规范或者习惯。于是我们知道，做任何事情，都要有规矩和制度，否则什么事也做不成。

举个最常见的例子：几乎所有的公司都会有这样一条制度，不允许迟到和早退。因为有这条制度的存在，所以员工们能够按时上班下班。想想看，如果没有这条制度的约束，那么公司还能正常运转吗？很难！员工们睡到日上三竿才起床，慢慢悠悠到公司，然后开始工作，过一会儿累了，于是又早早地下班。如果是这样，那么公司将不复存在。

我们知道，是制度在约束着员工，让他们按时上班下班，认真工作。

所谓制度，是指要求大家共同遵守的办事规程或行动准则，也指在一定历史条件下形成的法令、礼俗、规范或一定的格式。而规章制度，则是指用人单位制定的组织劳动过程和进行劳动管理的规则和制度的总和。通过这两个名词，我们可以下这样一个结论：规章制度就是企业内部的法律。

法律的健全与否，影响着一个国家的安危与稳定。同样，企业里的法律是否健全，也影响着这个企业的发展。作为管理者，要想管理好团队或者企业，就必须从规章制度着手。如果企业或者团队原本就有很严密的规章制度，那就改进它，使它更严密；如果企业的规章制度不够严密，那就应该注意了，必须制定严密的规章制度。

通过一个故事，我们来看制度不严密对企业的危害：

有七个人曾经住在一起，每天分食一大桶粥。要命的是，粥每天都是不够的。

一开始，他们抓阄决定谁来分粥，每天一个人，轮流着来。这样做看似公平，但实际上弊端不少。于是，几周下来，他们只有自己分粥的一天是吃饱的。后来他们推选出一个道德高尚的人出来分粥。刚开始的时候，这种方法还挺有效，但是一段时间之后就不行了。权力容易产生腐败，大家开始挖空心思去讨好、贿赂分粥的人，搞得整个小团体乌烟瘴气，高尚的人也腐败了。

没有办法，他们组成三人的分粥委员会及四人的评选委员会。但是，他们却常常互相攻击，扯皮下来，粥吃到嘴里全是凉的。这种分粥法更要命，长时间吃凉粥，谁也受不了。

最后，有个聪明人想出来一个方法：轮流分粥，但分粥人要等其他人都挑完后才能拿剩下的最后一碗。为了不让自己吃到最少的，所以每人都尽量分得平均，就算稍微有点出入，也只能认了。于是，大家快快乐乐，和和气气，日子越过越好。

这是一个很有名的管理故事，我们从中可以看出制度对管理的影响。制度不完善，管理一片混乱；合理完善制度之后，团队越来越好，成员之间的关系也越来越好。所以，我们要明白，一个企业或者团队如果经常出现问题，就可能是制度有问题。作为管理者，一定要想办法，让制度严密起来，少出现或者不出现漏洞。其实，那最后的分粥方法，就是改进版的制度。只有在这样的制度下，才能更好地管理团队。

有位出色的酒店管理者，经常向别人讲述一个发生在自己酒店里的故事。一天，有一位老太太给酒店打来电话，说要找一缕头发。为什么要找头发呢？原来，这缕头发是她死去的丈夫的。由于非常想念丈夫，她总是随身带着它，睡觉时就将它放在枕头底下。可是那次住酒店时，由于一时疏忽，她离开时忘了带走头发。酒店服务员在打扫卫生时发现了那缕头发，已经随手扔掉了。这还需要找吗？当然要找！最后，酒店员工翻遍整个垃圾箱，才找到了这缕头发。这件事，让老太太十分感动。

这位酒店管理者讲这个故事，无非是想炫耀自己的管理很到位，员工很尽责。

可是，当他又一次讲完这个故事，随口问另外一家酒店的管理者时，却遭到了打击。他问另一家酒店的管理者："你们酒店发生过类似的事情吗？如果有，你们的员工又是怎么做的呢？"对方摇了摇头，笑呵呵地说："我们的酒店从来不会发生这样的事情。"

他奇怪地问："不会吧？难道你们从来没有遇到过丢了东西的客人？"

对方回答说："任何一个酒店都会遇到丢东西的客人。不过，我们的酒店有一项规章制度，那就是在客人退房以后，服务员如果发现客人遗落下来的东西，一律要好好保存。不管那些东西值不值钱，哪怕只是一张废纸，也要完整无缺地保存下来。少则三天，最长可以保存一年。

我们这样做的目的，就是怕无意中扔掉客人有纪念意义的东西。"

哪家酒店的管理更到位，已经很明显了。同样是对待客人遗落的物品，前者员工的表现固然让人感动，但毫无疑问，他们的管理并没有做到位。虽然他们费尽力气帮助那位老太太找到了头发，可是在这种管理方式下，有些客户的物品肯定会丢失。而后者，却完完全全避免了这种现象的发生。我们也看出来了，后者之所以能够做到这些，只不过是制度比前者更完善、更严密一些。严密的制度，才是高效管理的关键。无论什么时候，规章制度永远是管理者手中最有力的武器，谁的武器更精良，谁就能够取得最辉煌的胜利。

规章制度是企业管理的重要手段，可以保障企业合法有序地运转，并调节企业内部的人际关系、利益关系，将企业内外矛盾降到最低限度。建立健全、严密的规章制度，有助于企业实现科学管理，提高劳动生产率和经济效益，确保企业生产经营活动的顺利进行。可以说，健全严密的规章制度是加强企业管理，推动企业发展的可靠保证，能够保障企业运作的有序化、规范化，降低企业运行成本。同时，完善、严密的规章制度通过合理地设置权利、义务、责任，使员工能预测到自己行为的结果，便于激励员工为企业的目标努力奋斗。

总而言之，无论一个企业或者组织的规模是大是小，要想实现持续、健康、协调的发展，全面、系统、严密的规章制度都必不可少。制度定好了，严密了，才能提高企业的凝聚力、向心力，才能使企业的各项既定目标得以达成，使得企业快速向前发展。

一句话，有着严密合理的规章制度的组织，才好管理。

◎ 人情是制度的大敌

中国人尤其喜欢讲人情。

人情就是人与人之间的情分，看起来像是必须要讲的一种东西。如果人与人之间没有情分，那么生活就会变得冰冷和枯燥。想想看，如果我们每天都要面对一群"不讲人情"的人，会是怎样的一种感觉？不寒而栗！所以，在大多数时候，我们要讲人情，尤其是亲情、友情。但是，有些时候，人情却会成为我们的羁绊。比如，在制度中。

是的，人情是制度的大敌。我们需要明白，掺杂了人情的制度，就不再是合理、规范、有效的制度，就很难起到制度应起的作用。掺杂了人情的制度，就如同掺了水的假酒，不仅味道不醇厚，还会让人起抵制之心。

在制度中，人情的危害真有这么大？确实如此！在一个节目中，有这么一段对话：一个单位的领导说："我只是轻微违反了'八不准'的规定，却受到了严肃的处理，当时我委屈得一晚上没有睡好觉。"这个单位的另一个领导接过话来说："你不知道吧，为是否处理你，怎样处理你，我三个晚上没有睡好觉。"在这里，人情的危害显而易见。作为企业的管理者，竟然为处理一名违纪的下属，三个晚上没有睡好觉。这还不是人情惹的祸？好在这位领导还是处理了违纪的下属，如果他的意志不够坚定，那么处理肯定会变味。其实按照规章制度，违纪就要接受处罚，事情一点儿也不复杂，照章办事就可以了。但是人情，却让简单的事情变得复杂起来。

因为人情，我们在执行制度、坚持原则的时候，变得艰难起来。人心都是肉长的，在制度和人情之间，我们往往会左右摇摆，甚至舍制度而顾人情。比如，需要处理一个违反制度的员工时，我们会想这个员工平常表现不错，只是偶尔犯了错误，网开一面，从轻处理吧。这样想，也这样做的时候，制度已经变质了。可以说，在人情的影响下，制度往往会变质甚至出现漏洞。毫无疑问，这样的漏洞会影响企业的发展。

何小姐是某进出口贸易公司的职员，公司制度很严，要求每天上下班准时打卡。

作为都市上班族中的一员，何小姐和很多人一样，为了多休息一会儿，每天总是要拖到最后一分钟才起床。没办法，工作太辛苦。为了节省一些房租，她把房子租在郊区，每天早上必须在上班高峰期挤让人头痛的公交。时间太紧，所以她也成为众多顾不上吃早餐的上班族中的一员。不是不想吃，而是没有时间吃。其实她很清楚不吃早餐的危害有多大，无奈时间总是不够用。

她是老员工，和领导关系很好。因此，打完卡再下楼买早餐成了她的习惯。领导理解她，对她的这种行为，总是睁一只眼闭一只眼。反正，吃个早餐晚到一会儿，也不会有太大影响。

不巧，原来的领导被调离，换了一个新领导。

这天早上，何小姐到公司后，看还没有到上班时间，就像往常一样打了卡，放下包，拿上零钱就下楼了。这段时间，她已经养成了吃早餐的习惯，早上不吃还真不行。

写字楼下面有固定卖早餐的摊贩，有很多人在买早餐。她匆匆忙忙地买了早餐，赶回公司的时候，还是迟到了几分钟。放在以前，这点事根本就不算回事。可是，在公司门口的时候，她却正好遇到了新领导。

新领导看看表，有些生气地说："现在是上班时间，你手里提的什么？办公室是上班的地方，每天早上来的时候办公室都成餐厅了！吃个早饭要耽搁多长时间？你们就不能早起个一二十分钟……"一顿劈头盖脸的训斥，何小姐也没理由反驳。而且殃及池鱼，整个办公室里的人都跟着挨了批评。

批评还不算完，"铁面无情"的新领导硬是按照公司制度，把何小姐按迟到处理。结果，她这个月的全勤奖没有了。

何小姐很委屈：每天早上要花一个多小时坐车上班，已经起得很早了，自己还年轻，有睡不够的觉，总觉得很困。难道，公司就这么在乎那几分钟的时间？那几分钟能做什么？她想不通，认为领导太没有人情味。后来越想越憋气，她决定辞职。

是领导没有人情味吗？自然不是！是因为制度不允许。有这样一种说法：如果把人情比作人的一条腿，那么制度就是另一条腿；把人情比作车的一个轮子，那么制度就是另外一个轮子。人要有两条腿，缺一条走不快；车要有两只轮子，少一个跑不了。但是，人的两条腿和车的两只轮子，永远不能混在一块儿。这也就是说，企业中要有人情，但这个人情却不能与制度相融合。人情是人情，制度是制度，这两者分得清清楚楚，企业才能正常运转。否则，迟早要出问题。

其实我们应该知道，在官场上，因为人情和制度混在一块儿而出问题的官员，实在是太多了。人情是制度的大敌，这一点必须要弄清楚。事实上，那些优秀的管理者，总能够很好地划清人情和制度的界线。

有规矩才有方圆，有了法律法规，社会才能有条不紊地运转；有了各项规章制度，企业才能正常运转。规章制度是一把尺子，是我们工作的准则，我们只有在遵守制度的前提下，才能更好地工作。而在很多时候，人情会让我们偏离规章制度。

当然了，企业中可以存在人情，只不过，一定要在遵守规章制度的前提下谈人情，否则免谈。对于管理者来说，一定要弄清楚人情和制度之间的关系，切莫混淆。

◎ 处罚要宽严适度

在企业管理中，管理者经常会遇到这样两个问题：奖励和处罚。员工或因业绩突出，或因做出贡献，或因忠诚尽责等，都会受到管理者给予的奖励。无论是物质奖励还是精神奖励，都是让人高兴的事，员工也乐于接受，所以管理者的工作很好做。可是，管理者在依照制度对违规员工进行处罚时，就不那么好做了。

原因是，处罚的"度"有时候并不好把握。

对于那些在制度上有明文规定的处罚，管理者很好把握。比如，公司制度规定，员工上班迟到五分钟以内，需要受到什么样的处罚；迟到五分钟以上、半小时以内，需要受到什么样的处罚。这个标准很明确，管理者可以轻松地依照这样的标准，对迟到的员工进行处罚。制度摆在那里，违规员工在接受处罚的时候，可能会不高兴，但却不会有抱怨。毕竟，他确实违规了。

可是，有一些处罚的"度"却并不好把握。比如，有的员工上班时不专心，身在岗位，心却跑一边去了。员工明显违规了，可是公司制度上却没有明确规定应该怎样处罚。那么这个时候，管理者应该怎样去处罚违规员工？事实上，在企业里，这样的情形很常见，因为规章制度里不可能详尽地标注清楚每一种违规的形式以及处罚方式，那太不实际。

所以，有些时候，认定员工违规的时候，可能根本就无"规"可依。即便是这样，作为管理者，还是需要对员工进行处罚。而这个时候，处罚的标准，掌握在管理者手中。当然了，管理者的处罚，还是不能偏离规章制度。

作为管理者，我们必须懂得，处罚时一定要宽严适度。处罚的目的并不在罚，而是希望违规者以此为戒，能够不再违规。所以，处罚一定要使受罚者没有怨言，心服口服。我们必须让他们知道，惩罚只是一种手段，对受罚者是教育，对其他人则是警醒，起到防患于未然的作用。

所以，高明的管理者处罚违规员工，不仅不会让他们产生怨言，而且还会让其从中吸取教训。

某公司的老板突然召集各级管理者开会，宣布他的最新整改措施："为了激励员工的士气，从即日起，各部门开始做业绩评比。月底，各部门业绩交财务部结算统计，落后的部门全部减薪一半。"之所以做出这样的决定，是因为这两年受大环境的影响，公司业绩一直下降。虽然各部门都在苦思对策，但没有想到很好的办法。让大家始料未及的是，老板想出了这招减薪的措施。

有人认为这种做法不妥当，惩罚太重，但老板却说："你们没有看报纸吗？人家香港的公务员不也准备减薪？"老板的这番说辞，果然堵住了所有人的口。

一个月后，绩效较差的三个部门果然被减薪一半。虽然大家事前都知道会有这种结果，但内心还是抱着一丝希望，以为老板是虚张声势吓唬大家。毕竟，大家的薪水都不太高，减薪一半的处罚太严厉了。

老板以为，实行这种处罚措施后，员工们肯定会竭尽全力工作。可让他没有想到的是，很快公司中下层开始出现一些不满的声音，工作上也普遍出现了消极怠工的现象。到最后，连老板"没钱发薪"的谣言也出来了，甚至还传到了竞争对手那里。于是，公司开始动荡。直到这个时候，老板才发觉事态的严重。

最后，他终于收回决定，恢复原来的制度，一场风波才平息下来。

在这个案例中，公司老板利用扣薪来激励员工，在本质上是为了提高员工的士气，改善其工作态度，但最终却导致了员工对公司的极度不满。这种想法是好的，问题在于方法的具体运用上。老板以部门为单位来扣薪，本身就是一种不合理的做法，每个部门的工作内容不一样，同一个部门每个员工的工作也不尽相同，最后却"享受"同样的待遇，这是员工们所不能接受的。另一方面，薪水减半，本身就是一种过于严厉的处罚方式，这让员工们很难接受。

我们说过，处罚只是一种警示激励的手段，这种手段讲究适可而止。处罚违规的员工，就如同打他们的板子，打得太重会伤着他们，打得太轻又起不到警示作用，只有不轻不重，才能既让他们肉痛，又不会让他们因为痛而消极抵触，才能最大限度地起到警示的作用。也只有这样，处罚才能真正算得上是管理者手中的武器。

任何管理者都必须学会运用处罚这一管理手段，只有对该罚的行为进行相应的处罚，才能树立起领导者、管理制度的威严。不过，处罚毕竟不能算是一件好事，因此很多管理者不愿意为之，或在处罚的时候过于仁慈，这可不行。过分仁慈的处罚，会使企业制度无法得到切实的贯彻执行，领导者也不能树立威信。当然，过分严苛的处罚也不合适，这会让违规员工产生不平衡心理，甚至是仇视心理，这也会增加管理者的工作难度。

宽严适度的处罚，才是最合适的。不过，如何去把握这个"度"，则需要管理者依据企业的情况，自行斟酌了。

◎ 制度建设没有旁观者

对于一个企业来说，制度是发展的根本，也关乎所有企业员工的利益。所以，每一个人都应该对制度负责。建设企业制度的时候，每一个人，都应该负起相应的责任，既包括管理者，也包括普通员工。

美国杜邦公司号称是"世界上最安全的地方"，就是这个全世界最安全的公司也曾经因为做不到安全生产而面临破产。最终，杜邦公司依靠制度在沉沦中崛起。

杜邦公司是 1802 年成立的以生产黑火药为主的公司，生产黑火药是风险相当高的产业，所以早期发生了许多安全事故，这些事故甚至造成了创始人 E.I. 杜邦的一些亲人丧生。其中，最大的事故发生在 1818 年，当时杜邦公司只有 100 多名员工，40 多名员工在这次事故中死亡或受伤，企业濒临破产。

事故发生后，杜邦公司的创始人 E.I. 杜邦在公司最困难的时候，做出了一个重要的决策：建立完善的安全制度。杜邦要求安全生产必须由生产管理人员，即总经理、厂长、部门经理负责，而不是由安全部门负责。这一制度现在演变成人们熟悉的"有感领导"。

杜邦公司规定，从最高决策者到一线生产人员都必须积极参与安全管理。各部门的负责人就是部门的安全责任人，而且整个公司和各个部门的安全表现与 CEO 和部门负责人的经济利益、发展空间直接挂钩。公司还有专职安全人员，他们的职责是保证条例和规章被严格遵守，发现技术问题及时纠正，提高安全系数。

杜邦公司的安全管理制度建设涉及公司各个阶层的员工："所有的事故都是可以防止的"，从高层到基层都要有这样的观念，采取一切可能的办法防止事故的发生；各级管理层对各自所辖范围内的安全负责，基层员工对各自工作范围内的安全负责，小组长对员工的安全负责，车间主任对车间的安全负责，CEO 对全公司的安全负责；安全生产过程中的所有隐患都要有计划地投入、治理和控制；公司与员工签订的合同中明确写着"只要违反安全操作规程，随时可以被解雇"；员工必须接受严格的安全培训；各级主管必须进行安全检查。

此外，公司还规定，在最高管理层亲自操作之前，任何员工不得进入一个新的或重建的工厂。在当时规模不太大的情况下，杜邦公司要求凡是建立一个新的工厂，厂长、经理都要先进行操作，然后员工再进入工厂工作，目的是体现对安全的直接负责和重视。

到 1912 年，杜邦公司已经建立了安全数据统计制度，安全管理从定性管理发展到定量管理。20 世纪 40 年代，杜邦公司又提出"所有事故都是可以防止的"的理念。20 世纪 50 年代，杜邦公司推出了工作外安全方案。此外，杜邦公司还积极对员工进行其他安全教育，比如旅游和运动时如何注意安全等。

自从建立完善的安全制度后，杜邦公司的安全表现比美国平均值好30~40 倍，杜邦公司在全世界范围内的工厂的安全纪录，大多是 20 年、30 年以上没有事故。因为安全业绩的突出，杜邦公司被评为美国最安全的公司之一，并连续多年获得这个殊荣。

没有严格、完善的安全制度，也许今天我们就无法看到一个强大的杜邦公司了。正是在这种完善的安全制度下，杜邦公司才取得了丰硕成果，并获得社会的认同。杜邦公司所有的成绩与公司建立的安全制度都是密不可分的。

我们必须看到，杜邦公司在安全制度不完善的时候，不仅企业利益受损，员工的生命安全也无法保障。杜邦公司的兴盛靠的是制度，而制度却依靠每一名员工的执行和维护。在这种制度下，企业获利，员工受惠。因此，制度建设关系到每个员工的切身利益，管理者必须让所有员工明白这一道理。只有员工真正明白了这一道理，才会所有人都积极参与，尊重制度，遵守制度。

而要做到这一点，还要做到公正公平。在制度的实施中，管理者不应将自己排除在外，也不应有任何特例。力求公正，才是管理者应具备的品格，也是重要的管理策略。

所谓公正，就是在工作中想问题、办事情要出于公心，对人对事一碗水端平，公正地对待分配、奖惩等问题，不以个人好恶而处之，不以私情轻重而为之，主持正义，维护公道。

公正能赢得人心，不公则导致员工消极、离心。

试想一下，如果在制度中存有特例，那么就可能出现庸碌之人居高位、有才干者沉沦下僚的情况。时间一久，那些屈才的人自然会愤愤不平：为什么他什么也不会却比我的薪水多？他的能力不如我凭什么地位比我高？为什么我要养活这个无知的家伙？……到最后，人们会怀疑公司制度。而制度一旦被怀疑，就无法维持公司的稳定了。

要想成为一名成功的领导者，你就要学会公正处事，做到制度建设没有旁观者。在这一点上，日本伊藤洋华堂的董事长伊藤雅俊是一位值得大家学习的企业家。他在企业管理中，制度至上，从不感情用事，在不允许妥协的地方绝不妥协，该赏则赏，该罚则罚。其中，他以两种截然不同的态度对待经营天才岸信一雄就是最好的证明。

日本企业伊藤洋华堂以衣料买卖起家，后来进入食品业。为了使公司取得食品方面的发展，伊藤雅俊从东食公司挖来了对食品经营有丰富经验的岸信一雄。岸信一雄是一个善于交际、重视创新的经营奇才，他的加入宛如是为伊藤洋华堂的发展加入了催化剂，10年内使公司的业绩提高了数十倍，伊藤洋华堂的食品部门形势大好，岸信一雄也成为公司内的大名人。

但是，不久岸信一雄就开始居功自傲了，对公司制定的规章制度一律不予遵守，对公司的改革措施持敌对态度，战略决策一执行到岸信一雄那里就止步不前。伊藤雅俊多次要求岸信一雄改善工作态度，按照伊藤洋华堂的经营方法去做。但是，岸信一雄根本不加理会，依然按照自己的做法去做。他说：“一切都这么好，证明这路线没错，我为什么要改？”结果整个部门的效率直线下降，伊藤雅俊最终忍无可忍，将岸信一雄解雇。

战功赫赫的岸信一雄突然被解雇，这个消息在日本商界引起了不小的震动，舆论界也以轻蔑尖刻的语气批评伊藤雅俊“过河拆桥”。在舆论的猛烈攻击下，伊藤雅俊理直气壮地反驳道：“秩序和纪律是我的企业的生命，也是我管理下属的法宝。一定要从重处罚不守纪律的人，无论他是谁，无论他曾经为企业做出过多大的贡献，即使企业会因此而降低战斗力也在所不惜。”

当三顾茅庐请来的岸信一雄一次次为公司创造卓越业绩时，伊藤雅俊采取了提拔和赏识的态度。但随着岸信一雄居高自傲，变本加厉地行使“治外法权”，伊藤雅俊又毫不客气地将他请了出去。这种做法是正确的，是值得每一个希望成为卓越管理者的人学习的。

所以，管理者要将制度的天平摆正，不能看人下菜碟，对一些业绩出色，工作能力优秀的员工，睁一只眼闭一只眼。而应该做到，无论是谁，一旦违反制度，就依法办事，严惩不贷。这样才能彰显制度的严肃性、权威性，让每个员工自觉地维护。

在《公正是最大的动力》一书中，美国经济学家詹姆斯·托宾写道："公正是对人格的尊重，是一个健康社会应该信奉的基本理念。……遵循公正的基本原则，可以充分激发各个阶层成员的潜能，最大限度地释放个人和组织的能量。所以坚持公正的管理和处世原则，是每一个人和每一个组织都要履行的责任和义务！"

也许你本无厚此薄彼之意，但在实际工作中，难免愿意接触与自己爱好相似、脾气相近的员工，无形中就冷落了另一部分员工。为了避免这样的情况出现，管理者应该将自己也置身于制度中，让制度作为自己处理事情的原则，这样才能保证以正确的态度管理企业和员工。

制度建设是一个互动互促的系统工程，需要管理者去带动。任何团队都会存在矛盾，要想保障团队利益，就要进行制度建设，而制度建设的关键就是通过沟通、协调，使每一个团队成员都成为制度的执行者。这样一方面可以消减团队内部的矛盾，保证团队的稳定性；另一方面，可规范团队成员的行为，尽量让所有的团队成员做到整齐划一，形成强大的向心力和合力，从而提升团队竞争力。

要想让团队成员人人参与到制度建设之中，管理者需要做好两个方面的工作：一是在制定制度时，管理者应当尽量让制度合理化、完善化，保持制度的一致性和连贯性，减少制度之间的相互冲突；二是在制度的实施层面，管理者自己必须严格遵守制度。

一个规范、公正的制度，具有积极的意义，只要让大家心服口服，就会调动大家维护制度的积极性，执行起来自然顺利。由此可见，制度建设是必然的，但让团队成员不再成为制度的旁观者，却需要管理者有效地引导。

◎ 管理者是制度的坚决执行者

管理制度与管理者是企业管理中不可或缺的两个要素，要提高管理效率，就需要两者互相配合。制度是死的，人是活的，因此管理者起着决定性的作用，要想最大限度地提高管理效率，需要管理者带头遵守和坚决执行制度。

企业的成长和发展，是通过企业的各种生产经营活动实现的，企业发展到一定程度自然会对各种活动提出要求，以保证企业目标的最终实现，所以制度反映的是企业的要求，而遵守企业的管理制度，满足企业的管理要求，帮助企业达成目标，则是企业中每一个员工的基本义务。无论制度是自上而下制定的，还是各方之间达成的共识，管理者都需要带头执行。可以想象，如果管理者本身就对制度表现得无所谓，那么他的下属肯定会放大这种倾向，表现在各种具体的行为当中，制度也就变得名存实亡。

俗话说："没有规矩，不成方圆。"规矩重要，执行更重要。如果管理者不能按照制度执行，那么公司上下便没有了纪律保障。在管理当中，每个管理者都应该有一条"鞭子"，也就是制度，它不是虚设用以威吓员工的，而是掌握在管理者手中，用来挥舞的。如果管理者是一个懂得"挥鞭"并且行事果断的人，那么团队将充满力量，战无不胜。

美国著名的联邦快递公司是一个非常重视纪律的团队，它的创建者弗雷德·史密斯是出身于美国海军陆战队的越战老兵，他将军人铁一般的纪律融入了公司管理中，喊出"FedEx，使命必达"的口号。

从那一天起，"FedEx，使命必达"就成为每一个联邦快递员工的坚定信念。如果有人问联邦快递的员工："你能按时送达货物吗？"他们会毫不迟疑地回答你"使命必达"，当然他们也是这样做的。

40年来，联邦快递员工严格遵守公司"使命必达"的纪律，不断提升着自己的服务质量，以提供"第二天交货"的优质服务，成为世界500强公司，稳居全球物流业第一把交椅。

联邦快递之所以能够发展到如今这一步，不仅仅在于规矩的制定，更在于规矩的执行。管理者严守制度，按照规定执行，那么手下的员工必定会严守纪律。没有任何例外情况，才能打造出一支属于自己的"铁军"。

有些管理者不知是出于心软，还是性格优柔寡断，在处理问题时，常常会允许特殊情况的发生。举个例子：某员工在上班途中被雨水浇湿了衣服，只好回家换衣服，结果迟到。领导考虑到其情况特殊，就对他网开一面，没有执行迟到扣分的制度。

这样的做法或许会让迟到的这位员工感激，但另一方面，这样的做法也纵容了那些制度观念差的员工，是在鼓励他们为自己破坏制度找理由、找借口，明目张胆地不遵守制度却不受惩罚。如果有这样的情况发生，那么管理者不能只说这是员工本身的问题，没有严格执行制度的管理者也难辞其咎。

　　一个合格的领导者应该对全局负责，而不是对个人负责，要坚决执行各项规章制度，不能允许那些不受制度约束的特殊人存在。一旦发现有人违纪就应加以惩治，绝不手软，从而坚决地维护制度的严肃性和权威性。

　　二战结束后，由于日本经济萎靡不振，松下公司面临极大的困境。为了渡过难关，松下幸之助要求全体员工不迟到、不请假，凡破坏制度者都要罚站。然而不久，松下幸之助本人却迟到了，迟到了10分钟！迟到的原因并不在他身上，而在于公司的汽车接他接晚了。

　　松下幸之助到公司时，会议室里有20个人在等着他开会。当着大家的面，他自觉地站在了会议室门口，他感觉到所有人都在看着他，"有点像默哀，那真是一件让人难受的事情"。事后，有下属表示："领导罚站的时候，他站了一身汗，我坐了一身汗。"

　　后经调查，松下幸之助得知，那天由于早班司机的主管督促不力，司机睡过了头，所以晚来了10分钟。必须严厉处理此事，松下幸之助首先以不忠于职守的理由，给司机以减薪的处分；以监督不力，给予直接主管、间接主管处分。他认为对此事负最后责任的是作为最高领导的自己，于是对自己实行了最重的处罚，扣了全月的薪金。

　　制度存在即是为了执行，作为管理者，更是应该起到带头作用，不应有例外。

　　从制度的执行可以看出一个管理者的基本素质，能否带头认真执行各项制度，反映出的是一个管理者能否做到个人服从整体、局部服从大局，能否在企业中与他人进行良好的合作，特别是当个人期望与企业制度产生冲突时，能否理性对待。对于管理者来说，他们经常扮演主角，能否调整自己的心态扮演好配角，是对管理者本人的一种考验，也是使其思想境界进一步升华的机会。在制度管理下一视同仁，为他人着想，才能真正满足团队合作的要求。这也是一个管理者成熟的表现。

管理者是制度的坚决执行者，这要求管理者不仅仅是带头遵守制度，还要负责解决制度执行过程中出现的各种问题。制度虽然是管理者制定的，但是执行它的不光是管理者本人，还有很多并没有参与制定制度的基层人员，而制度管理的主要对象恰恰又是这群人。

一个企业员工少则数十人，多则上万人，规模越大，内部沟通越复杂，制度执行的难度就越大。在制度执行的过程中，肯定会出现这样那样的问题，每个特殊的问题，都依靠管理者来解决。管理者要找出解决各种具体问题的办法。管理的特殊性越大，就越需要管理者的聪明才智。此时，制度与管理者的关系，就好像是标准产品与客户应用之间的关系一样，是一般与特殊的关系。

管理者在解决这些问题的过程中，也会发现制度的不足之处，然后对原有的制度进行调整，增加新的制度、减少不合理的制度等，这都可以提高管理效率，实际上是最有效的制度执行。

企业就是一个平台，制度就是企业中各项活动的行为规范，在完成每一项工作的过程中，大家都需要遵守制度。但是要把每项具体的工作都完成好，仅依靠制度是不够的，一定需要人来处理，特别是具有一定权力的管理者，其存在的价值，就是在遵守制度的前提下，通过自身的聪明才智，创造出所需要的充分条件，最终完成好各项工作任务。可以说制度与管理者之间就是互补关系。特别是对一个制度不成熟的企业来说，管理者个人的能力非常重要。

所以，对于管理者而言，当制度与被管理者出现矛盾冲突时，不要归咎于制度本身，而是要根据自身的情况，努力为工作创造便利的条件，更不能指望制度来解决工作中的所有问题，那样的话无异于异想天开。

制度本身是需要不断改进的，所以制度改进也是管理者的职责。任何制度都不可能是永远不变的，它是随着企业的成长而不断完善的，这就是企业的经验积累的过程。当管理者发现了制度存在的缺陷后，应该及时指出，并推动制度的改进，制度的改进反过来又会为管理者提供更好的支持，也会降低管理成本。

从这个意义上来说，管理者应该把制度看作自己的一种管理工具，把制度改进看作管理工具的改进。有些管理者忽略了自己对制度改进的义务，实际上也就远离了这个重要的管理工具，结果肯定会使自己的管理效果受到影响。

总之，管理者对制度的执行，不是单纯地受制于制度，而是要牢记自己的管理者身份，不仅要带头执行制度并充当矛盾的解决人，而且要改进制度，完善制度。因为制定制度的目的就是要提高管理效率，提高团队执行力，而不是为了困住人。

第三章

用好最重要的资源——人

　　人是构成企业的最基础的要素，管好人则是对一个优秀管理者的最基础的要求。管人是否成功对于一家企业来说至关重要。管好了人，人便成了企业的重要资源；管不好人，人便成了企业的祸乱之源。让人与人之间团结互助减少内耗，这便是提高企业效率的最好手段。

◎ 人力不是成本，而是资源

　　人，是永恒的管理话题，也是永恒的管理难题。

　　20 世纪初，一些受商业企业、工厂和政府部门聘用的管理人员、科学家和工程师，从提高经济效益和工作效率的角度出发，总结和运用历史上的人事管理经验，解决劳动管理中的问题，从而使人事管理上升到了科学管理的阶段。

　　1954 年，德鲁克在其著作《管理的实践》中，明确提出了"人力资源"这一概念。从"人事管理"发展到"人力资源"，人类几乎用了200 年时间。这一进步过程虽然漫长，但对于人类的影响却不言而喻。"人事管理"和"人力资源"，虽然只有寥寥数字的不同，但各自蕴含的意思却相去甚远。

　　人事管理是人力资源管理发展的第一阶段，而人力资源管理则是人事管理的升华。从这个角度来看，人力资源管理要高于人事管理。如果说"人事管理"是幼年期，那么"人力资源管理"就是成年期。

　　从概念上来说，传统的人事管理是指运用某种原理、原则、制度和方法，对人事工作所进行的计划、组织、协调、监督、控制等一系列管理活动。它以事为重心，为人找位，为事配人。管理的最主要形式和目的是控制人，重拥有不重开发，员工只能被动地接受工作安排。它是战术性管理，着眼于当前，就事论事；它照章办事，不灵活，不科学，无创新。总而言之，在人事管理中，人力只是一种被管理的成本。

而人力资源管理，则是指对人力资源的取得、开发、利用和保持等进行计划、组织、指挥和控制，使人力、物力保持最佳的比例，以便充分发挥人的潜能，提高工作效率，以实现组织目标的管理活动。和人事管理不同的是，人力资源管理是以人为重心，既重视以事择人，也重视为人设事，让员工主动地、创造性地开展工作。在人力资源管理的概念中，每一名员工，都是一份宝贵的资源。没错，人力就是资源。

事实上，在现代化的企业管理中，很多管理者最常犯的错误，就是陷入人事管理的泥沼中跳不出来。他们把人力看成了成本，总是在为节约"成本"而绞尽脑汁。我们知道，节约成本并没有错，因为成本意味着付出；雇用员工有成本也没有错，因为企业对员工也需要付出。成本需要控制和节约，只有在这种前提下，企业才能获得最大的利润。

可是，人力是成本吗？不是！人力是什么？人力是人的劳力，是人的力量。同样一个销售岗位，有人一天能卖出去一件商品，另一个人一天却能卖出去十件商品，这两个人所显示的力量是绝对不相等的。因此，员工是成本，而人力却不是，人力是隐藏在员工身体里的隐性资源。作为管理者，如果能够很好地运用这些资源，那么就一定能够"管"出一个十分优秀的员工，带出一支十分出色的队伍。从人事管理和人力资源管理这两个概念中，我们可以很清晰地得出这样一个结论：人力不是成本，而是资源。

下面一个故事，可以很好地说明这个观念：

南宋时期，大将张俊很会带兵。有一次，他在后花园散步，无意中发现一个士兵正在呼呼大睡。将领看到士兵偷懒，其心情之恶劣可想而知。他正欲大发脾气，转念一想却又觉得有些不妥：眼下天下太平，军营士兵无所事事不足为怪，而且每天需要消耗大量的粮食军饷。可是没有战争，士兵就一定是一种消耗吗？他们难道不也是一种资源？

这种想法让他怦然心动，他叫醒了士兵，问对方："睡觉就这么好吗？为什么你会喜欢睡觉？"

士兵看清楚是张俊大人，立即恭恭敬敬地起身回答："大人，不是小人喜欢睡觉，而是眼下真的无事可做。我实在不知道自己该做些什么，就只好以睡觉打发时间。"

张俊心中一动，问道："那你能做什么事情呢？"

士兵回答说："小人在当兵前什么都做过，什么事情也都会做。不过，我最擅长的是经商，当兵前做过很长一段时间生意，后来遭遇劫匪才不得不弃商从军。"

张俊虽然对经商之道完全不懂，却也知道经商赚钱很快。当然，他也知道经商需要投入大量的资金，就问那个士兵："按照你的经验，做一笔大生意，需要投入多少资金？"

士兵答道："无本难求利，小本求小利，大本求大利。小人只能这样回答；大人如果只是为了一家老小的开销，那么一万两就足够了；可是，如果想要为军队充实军饷，那么投入的钱越多越好。"

士兵的回答，让张俊动心了。他想：虽然国家目前处于太平之中，但仍然有必要为国家节省军费开支。尽管说"养兵千日，用兵一时"，但除了打仗，士兵其实还可以做很多事情。那么，为什么不让这位有经验的士兵带人经商，为军队筹集军饷呢？这样不仅可以减轻国家财政支出，也能够不浪费人力资源。

　　想到这些，张俊立即拍板决定，出人出钱支持老兵经商。得到张俊的支持后，老兵如鱼得水，生意越做越大，为军队筹集了不少军饷，立下了很大的功劳。

　　士兵的作用是什么？按照传统的观念来界定，士兵的作用就是打仗。如果将领以这种思想领兵，那么除了打仗士兵将不会有什么作用。于是，"闲置"的士兵就出现了，他们无所事事，只能浪费粮食军费。很显然，在这种思想里，人力变成了成本，而且还是一种极度浪费的成本。可是，如果转变思想，那么这种很浪费的"成本"，就会变成很有用的"资源"。可见，把人力当作成本的思想，根本就是一种误区。管理者应该明白，任何一个贡献人力的人，其实都是一座潜能无限的火山。

　　对于现代企业来说，业绩不再单纯取决于人员的数量，而是更多地依赖于知识工作者的生产效率。简单来说，张俊麾下的那位士兵，实际上就是一位精通"贸易"的知识工作者，利用好了，他为军队做贡献的效率，自然要高于其他士兵。从这里我们可以知道，只雇用员工的身体并没有多大的意义，那只是最下乘的做法。管理者的最大任务，其实是照顾好员工的头脑和心灵，照顾好他们所愿意关注的事情，最大限度地挖掘和利用他们的潜能。如此，才是提高业绩的最聪明的做法。把人当成资源，是充分挖掘人的潜力的前提条件。

　　稻盛和夫说："你的同事和你必须要视员工为最重要的资源。"他早就意识到了这一点，知道把人力当成资源的重要性。把人当成资源，只有建立起这种对员工的尊重，充分发挥员工的潜能，企业的生产力才能真正得以提高。当然了，只有把人力当成资源，管理者才能将员工变成一座座即将喷发的火山，带领他们创造出惊人的业绩。

◎ 让员工保持危机感

早些年，杨澜在事业发展到最辉煌的时候，毅然选择离开央视，出国留学继续深造。她的这一举动，让很多人不能理解。后来，在记者的一次采访中，杨澜说出了自己当年离开央视的真正原因："当时我在中央电视台是一名当红的节目主持人，很多大型的活动都由我主持。可是一件小事，却让我感觉到自己身处的环境极其不安全。有一年春节晚会，共有六名主持人进行彩排，计划都上春晚。可是，导演组却突然决定不用一位主持的大姐了，甚至没有人去通知她。那天，那位大姐兴冲冲地拿着礼服跑到了化妆间，化妆师却说没有她的名字。结果，她只能黯然神伤地走了。当时我就坐在旁边，目睹了这一切。那一刻，我似乎看到了自己的未来。我问自己，如果没有机遇和这一个平台，有多少成功算是自己努力的结果呢？答案让我恐惧。于是在恐惧中，我选择了离开，因为命运不在自己的掌握之中。从那时起，我决定不能再沉迷在鲜花和掌声中，而要去寻找成长，去读书。我觉得，趁年轻的时候去搏一搏，自己还会有机会。"

我们实在应该为杨澜的明智选择鼓掌，她为自己寻找到了一条光明的道路。同时，我们也应该像她一样，认清残酷的现实，让自己保持危机感。在很多时候，危机就像悬挂在我们头上的一把刀，时刻都有掉下来的危险。这种危险看似让人心惊，却恰恰是促使我们成长的一种动力。当危险临近的时候，我们的潜能就会被最大限度地激发出来，进而转化为前进的动力。比如，当一头恶狼紧跟在后面的时候，我们肯定会爆发出超乎寻常的奔跑速度。

遗憾的是，并不是每个人都能时刻保持这种让人奋进的危机感。在现代社会，安逸的时间很多，动荡很少，只需要稍微付出一些努力，几乎所有人都能过上一种安稳的生活。在这种安稳里，危机感消失了，于是安稳的生活如同河里的水，一直波澜不兴地流淌下去。或许有一天，一块巨石挡住了去路，于是河流便被截断。我们不得不说，这实在是一种可怕的悲哀。危机感能丢吗？不能！如果河流知道自己将来会有被截流的危险，那么它就会以雷霆万钧的姿态向前猛冲，那时，拦路的巨石将不再是障碍。危机感虽然会让人恐惧让人害怕，但是我们绝不能失掉危机感。

在职场中，员工更容易失掉危机感。很多员工会这样想：公司不是我的，我只是一个打工者，做好自己分内的事就够了，何必去想太多！这是一种错误的思想，在这种思想的支配下，很多职场人都习惯性地过着一种安逸的生活，工作一天赚取一天的薪酬，日复一日，年复一年。看起来，这似乎没有太大的问题，实际上却凶险万分。古人说"生于忧患，死于安乐"，"安乐"能够致人"死亡"，还有什么会比这更具有危险性？一个没有危机意识的员工，就如同一个躺在火车轨道上的醉汉，总有一天会遭受火车碾轧之厄。

对于这种说法，有人不理解，认为也许没有这么严重。现在我们来看看，到底有没有这么严重！竞争激烈的职场上，企业对员工的要求越来越高，能够满足企业要求的员工才能有更大的发展空间。也就是说，谁对企业更有价值，谁就是企业所需要的人。可是价值是一个变量，它会随着竞争的加剧而打折。一个人在今天的价值可能很高，但如果缺乏危机意识，故步自封，那么明天价值可能就会贬值。价值贬值的结果，就是被淘汰。所以，职场中的员工更应该时刻保持危机感，让自己更有竞争力。

有这样一个很经典的故事：

一个人上山采药时，从山缝里捡到了一枚老鹰下的蛋。于是，这枚鹰蛋就从老鹰的巢里来到了鸡窝里，和鸡蛋一起被母鸡孵化。很快，小鹰和小鸡都出生了。从出生那一刻起，小鹰就以为自己也是一只鸡，而且是一只又丑、又大、又笨的鸡。虽然它总会为自己的形象而烦恼，却也渐渐习惯了这种生活，认为自己的生活就应该是吃食、嬉戏和睡觉。小鸡们渐渐长大了，小鹰也渐渐长大了，它们之间的不同也愈加明显。公鸡会打鸣，母鸡会下蛋，而长大的小鹰却什么也不会干，只会吃食、嬉戏和睡觉。更糟糕的是，它的食量很大，一顿要吃很多东西。采药人的生活本就不富裕，他渐渐无法忍受这只大食量的鹰了。他下定决心要把这只鹰宰了，熬上一锅美味的汤。

不过，采药人还没有来得及宰掉老鹰，意想不到的事情就发生了。

有一天，鸡群被一只黄鼠狼袭击，正在抢食吃的老鹰也成了黄鼠狼攻击的对象。它见过黄鼠狼，知道它是鸡的天敌。为了逃命，它只能拼命地向前奔跑。被追赶到悬崖边上，无路可走的时候，它纵身一跃，展开翅膀飞了起来。那一刻，飞翔在天空中的老鹰终于知道，自己原来是一只鹰，而不是一只鸡！它又恢复了鹰的本性。

在很多时候，那些职场中的沉沦者并非没有能力，他们其实就像那只小鹰一样，在某种模式化的平和环境中待久了，忽略了自己的能力。他们根本不晓得，或者已经忘记了，自己其实还有飞翔的能力。他们被职场同化了，既看不到自己的优点，也意识不到职场危机的存在。他们每天都按部就班地上下班，从来不违反公司制度。他们从来不愿意主动担起责任，只等着领导来安排工作。如果领导没有安排工作，那么他们就默默无闻、与世无争地做着职场老好人。他们的工作很稳定，而且流动率还很低，看起来像是职场上的中坚力量。但是很遗憾，他们只是一群没有危机意识的"鸡"，当"黄鼠狼"来的时候，就只有被吃掉的命运。因为，在职场上，必须时刻保持危机感。

对于管理者来说，要想让自己的团队更加出色，取得更好的业绩，就必须想方设法让每一个团队成员都"活"起来。只有把所有人的力量凝聚在一起，团队才能爆发出最强的力量，最出色地完成工作。激发团队成员力量的方法有很多，而让他们保持危机感是其中十分重要的一种。每个人的潜能都需要自己来挖掘，而危机感就是挖掘潜能最强劲的动力。

因此，作为管理者，我们应该不时提醒自己的员工：部门要开展专业知识考核，成绩差者将失去升职机会；企业可能会倒闭，他们可能会失去工作。我们要通过各种方式，让他们产生危机感。这样既可以激励他们尽其所能，不至于怠慢工作，还可以让他们不断地充实自己、提高自己，尽快成长起来。作为一个明智的管理者，我们必须明白，让员工保持危机感对企业和员工都有好处。适当的危机感，会让员工在工作中发挥得更好。人们面临足够的风险，会更加珍惜自己的所得，努力追求更好的结果，这才是真正高效的状态。

总之，高效管理需要危机感。

◎ 为人才选择合适的岗位

从管理的角度来看，汉高祖刘邦的确是个人才。他本人的能力并不怎么出众，却能够管理好一批能干的手下，将大汉天下治理得井井有条。他是如何做到这些的？在一次大宴群臣时，他自己给出了答案。他说："若论运筹帷幄之中，决胜千里之外，我不如张良；若论镇守国家，安抚百姓，供给粮饷，不绝粮道，我不如萧何；若论集结百万雄兵，战无不胜，攻无不克，我不如韩信。这三个人都是人中豪杰，我能任用他们，把他们放在合适的位置，这就是我得天下的原因。"

一针见血！刘邦之所以能够得天下，主要是因为他会用人。在今天的社会中，一个好的企业管理者，必定会有一套好的用人之术。就像刘邦一样，他用张良为其献计，萧何为其管钱粮，韩信为其掌兵，人尽其才，物尽其用，如此，才是真正高明的管理者。

说得再简单一些，"人尽其才，物尽其用"，其实就是把合适的人放在合适的位置上。每一个人都有自己擅长的事，都有适合自己本领发挥的地方。所以作为管理者，就应该想方设法把众人都放在合适的位置。鱼儿在水中才能欢畅地游，鸟儿在天上才能尽情地飞，合适的位置才有利于长处的发挥。

日本"经营之神"松下幸之助的用人之术世界闻名。第二次世界大战后，松下幸之助为了重建松下集团的胜利者唱片企业，四处物色优秀人才担任唱片企业的经理。可以说，这个职位决定了胜利者唱片企业的生与死，所以人选极其重要。那么，他选择了谁呢？出人意料的是，他并没有选择一位对音乐和唱片颇有经验的人来担任经理一职，而是选择了对音乐、唱片一窍不通的原海军上将野村古三郎。

这个野村古三郎在日本小有名气，他曾担任驻美大使，在政治领域摸爬滚打多年。不过，他的能力虽然不错，但从未涉足商业，更别说唱片业了。

这个消息传出以后，质疑声此起彼伏，很多人都怀疑这个人是否能够胜任此职。其实不只是别人怀疑，就连野村自己也很犹豫，他觉得自己完全不懂业务，很难做好这份工作，但他很难拒绝松下给予的优厚酬劳，犹豫再三之后他还是决定试试。不过，在决定接受邀请之前，他提出了一个要求：出任经理一职可以，但松下必须给他派几个懂业务的人做助手。这个条件很合理，松下欣然同意。

于是，野村就在一片质疑声中上任了。即便是上任之后，质疑声也是有增无减。在一次董事会上，大家谈到音乐作品《云雀》时，他居然问别人《云雀》是谁的作品，弄得大家面面相觑，场面十分尴尬。作为唱片企业的经理，竟然对名曲《云雀》一无所知，这确实匪夷所思。这件事传出去之后，人们议论纷纷，对他的质疑声更高了。甚至，一些高层也开始劝说松下辞退野村，另觅人才。可是，松下却不为所动，依然坚持自己的做法。

松下幸之助为什么这么固执？他没有担忧吗？他当然也有担忧，却有充足的理由支持自己的决定。他认为，野村不但豁达大度、胸襟开阔、人格高尚，而且极会用人，擅长经营。虽然他没有涉足过商业，但其高超的用人之术，却能扫清一切前进的障碍。

为了能让野村的长处得以发挥，松下给其配备了能力出众的业务人才，让他们承担一切业务工作。这样，野村就可以摆脱具体业务的羁绊，尽情发挥组织、调度、协调的长处。结果，事情发展的顺利让众人大吃一惊，胜利者唱片企业在野村的管理下，经济效益迅速提高，企业的发展形势一片大好。

这个故事中的野村，显然是一位出色的管理人才。他虽然没有涉足过商业，但却能够凭借高超的用人之术，将一个唱片企业办得有声有色。可是，我们在佩服野村的同时，是不是更要对松下幸之助鼓掌？是的！

能够顶住压力，将人才放在合适的位置，松下的管理之术更高一筹。

古人作战时喜欢用"扬长避短"这个战术，它的意思是，要尽可能地发挥自己的长外，避开短处。放在用人上，这也是说要把人才放在合适的位置上。这就好比乌龟和兔子赛跑，如果把它们放在山上比赛，乌龟肯定会输，因为它的长处是游泳。那么为什么不放在河里试试呢？乌龟还会输给兔子吗？自然不会了。把人才放在合适的位置上，其实是一个很简单的道理，关键是，管理者要有这样的一种理念。

我们再来看一个故事：

福特公司的工程师哈罗德·斯伯利特，曾经大力主张生产一种微型货车。他是老牌汽车工程师，对汽车市场有一种近乎敏感的预知能力。他敏锐地觉察到，这种微型货车将会是未来汽车制造业的发展趋势。因此，他把自己的想法，告诉了福特公司的领导人亨利·福特二世。但遗憾的是，亨利·福特二世仍对此前埃德塞尔开发微型货车失败的事耿耿于怀。他认定自己的能力比不上埃德塞尔，既然前人都做不到，那么自己自然也做不到。于是，他拒绝了斯伯利特提出的制造微型货车的意见。

有能力有想法却没有发挥的地方，这让斯伯利特十分失望。为此，他认为这家公司已经不能满足自己的发展要求了。于是，他有了离开的想法，并且很快付诸行动。他离开福特公司的消息传出后，沃尔沃、通用汽车等福特公司的竞争对手纷纷向他抛出了橄榄枝。最后，克莱斯勒汽车公司以十分优厚的待遇，请到了斯伯利特这尊"大神"。当然，在待遇中，有斯伯利特最想要的东西——可以自主研制微型货车。他想要研制微型货车的想法，得到了时任克莱斯勒汽车公司总裁亚科卡的全力支持。

虽然这项研制整整持续了五年，而且其间斯伯利特也遭遇了无数的挫折和失败。但是，亚科卡始终对他充满了信心，竭尽全力满足他的一切需求。

5年后，斯伯利特的新型微型货车终于上市，并大受欢迎，成为克莱斯勒汽车公司的支柱产品。他终于实现了自己的愿望，创造了自己的价值。而克莱斯勒汽车公司，也因此赢得了丰厚的回报。

现代企业之间的竞争，其实就是企业人才之间的竞争。谁拥有了人才，谁就拥有了在竞争中克敌制胜的法宝。可是从另一个角度来看，拥有人才，却不一定能有效地把人才利用起来。为什么？就是因为很多管理者不懂得知人善任，白白浪费了人才优势。福特汽车公司不就是因为不懂得知人善任，白白浪费了斯伯利特这个人才吗？可见，企业需要人才，但管理者更要懂得知人善任。

当然了，知易行难，就算管理者知道要人尽其才、知人善任，做起来还是会有一定的困难。因为，把人才放在合适的位置上，让他们发挥最大的作用，管理者不仅要考虑人才自身的种种因素，还要考虑任用前后可能会遇到的各种问题。同时，作为管理者，还得具有一定的远见和魄力，这样才能很好地做到知人善任。

英国管理学家德尼摩曾经说过："任何人都有他自己该有的位置，只有将一个人放在适合他的位子上，才能发挥出他身上的潜能。"既然为人才选择合适的位置如此重要，那么管理者要如何去做，才能真正做到知人善任呢？在这里，我们提出两点，供读者朋友参考：

第一，管理者要了解员工的性格特点。

世界上没有两片相同的叶子，自然也不存在两个性格完全一样的人。所以，每一个员工都有自己独特的性格特点，而性格会影响工作效率。所以，优秀的管理者都应该学会按照下属的性格特点来合理地安排岗位。比如，让有权力欲望的下属，按照他们的能力担任适当的管理职务；让有成就欲望的下属，去做一些富有挑战性的工作，并在他们完成任务后，及时给予肯定和赞扬等。很显然，这样的安排，会使员工的能力得到最大限度的发挥。不过，管理者一定要把握一个前提，那就是了解员工的性格特点，对症方能下药。

第二，管理者要了解员工的爱好和专长。

俗话说得好，萝卜白菜，各有所爱。每个人的喜好不同，在工作中也是如此。比如，有的人喜欢与人沟通，喜欢在与客户的谈判中获得成就感，而有的人则喜欢站在幕后，研究与开发新产品。如果把前者放在幕后，或者把后者推向人前，那取得的效果可想而知，都不会好。所以，管理者必须要了解员工的爱好与特长，让他们"术业有专攻"，能够在合适的岗位发挥出最强的力量。

不管怎么说，把合适的人放在合适的岗位上，并不是一件容易的事，这需要管理者做出很大的努力。但我们相信，管理者一旦做到了这些，那么成效将会大大提升。

◎ 带出员工的忠诚度

很多人喜欢拿《西游记》里的师徒四人组合来形容一个并不太容易管理的团队。在那个四人组合里，管理者唐僧资历平平、能力一般，却身居要位，而他手下的几位却各有特点、桀骜不驯。抛开相对勤恳老实的沙僧不说，能力超群的孙悟空叛逆心理很强，不受约束；猪八戒的性格倒是好一些，能力虽然也不错，却好吃懒做，容易动摇。这样一个团队能成什么大事？事实却是，唐僧带领着这个团队，最终取得了真经。为什么唐僧能够管理好这个团队？究其原因，是因为他采取了一种柔性管理，用下属的忠诚凝聚了团队的力量。

的确如此！在很多时候，管理者要想让真正的人才为己所用，就一定要收服人心，收获下属的忠诚。曾经有人问日本麦当劳的社长藤田田："世界上什么投资的回报率最高？"他的回答是："在所有投资中，感情投资花费最少，回报率最高。"毫无疑问，藤田田的投资理念很高明，他投入的是感情，收获的也是感情。而感情所表现出来的另外一种形式，就是忠诚。一个人对朋友忠诚，那么就不会背叛和伤害朋友；一个员工对企业忠诚，不仅不会做有损企业利益的事，而且会为了企业的利益而付出自己的全部力量。我们从忠诚的含义上可以看出，忠诚代表着诚实、守信和服从。所以，一旦团队成员都有了忠诚的品质，那么整个团队就有了做出最优秀成绩的潜力。

当然了，缺乏忠诚的团队则会问题百出。比如，新的营销策略已经开会明确了，可是一执行就走样，而且还找不到问题的原因；任务的重要性在会上已经再三强调，可一落实就成了一纸空文，各说各词各唱各调；明明按照公司的部署做了，可是效果却与预期相去甚远；财务部已经对费用掌控很严了，可是年终核算时却发现，各项无谓的花费还是一大堆……产生这些问题的原因，大多是员工缺乏忠诚。如果每一个团队成员都对团队忠诚，那么大家都会竭尽全力为团队服务，为团队贡献自己的力量，还会出现这么多乱七八糟的问题吗？显然不会！就算有问题，大家也会心往一处想，劲往一处使，很快就把问题解决了。

所以我们知道，要想很好地管理一个团队，管理者需要获得员工的忠诚。

20世纪70年代，世界出现了石油危机，全球经济几乎为此萧条，日本的日立公司，却靠着员工的忠诚渡过了难关。

当时，由于受石油危机的牵连，日立公司首次出现了亏损。出现亏损之后，其他问题也接踵而来，可谓危机重重。这个时候，日立公司像其他公司一样，也到了生死存亡的关键时刻。应该怎么办？为了摆脱这种局面，日立公司决定在1974年下半年，让公司三分之二的下属分厂的近70万名员工，暂时离厂回家待命。另外，公司还决定扣减每人2%~3%的工资。次年，公司又对4000多名管理干部实行了削减工资的措施。紧接着，公司又将新录用工人的上岗时间推迟了20天。这些措施，是日立公司在经济萧条中不得已的办法，目的是降低成本，使公司渡过难关。很显然，这些措施损害了员工们的利益。

但奇怪的是，那些利益受到损害的员工，没有任何人对此有任何异议。

为什么会这样？员工难道不是以自身利益为重吗？原来，日立公司在刚开始选聘员工的时候，就非常看重人才的忠诚品质。在平常工作中，公司也特别注重培养员工对企业的忠诚度。

正因为如此，日立公司的这一系列应急措施，不仅没有打击员工，反而激发了所有日立员工的团结精神。在这股精神的支持下，大家众志成城，共同想方设法恢复公司的效益。众人的力量是巨大的，效果很快就显现出来了。1975年3月日立公司的利润只有187亿日元，但是只过了半年，就回升到了300多亿日元。在经济大萧条期间，这样的回升速度只说明了一件事，就是公司真正渡过了难关。

日立公司之所以能够在经济萧条中屹立不倒，是因为员工们众志成城，齐心协力。是什么让员工们甘愿如此为公司付出？是忠诚！可以说，是忠诚成就了日立公司的辉煌。忠诚可以成就一个人，可以成就一件事，可以成就一个公司或者企业，甚至可以成就一个国家。无论在什么地方，忠诚都可以凝聚成一股强大的力量，所向披靡。

当然，对于管理者来说，如果一个团队有了忠诚的品质，那么管理起来就容易多了。我们可以想象，团队成员忠诚于团队，不用管理者多说什么，他们也会为了团队的利益而努力。

遗憾的是，很多管理者虽然知道忠诚对于管理的重要性，却只是在管理过程中把忠诚挂在嘴上，并没有在实际行动中表现出对它的重视，甚至还有意无意地伤害员工对企业的忠诚心。还有一些管理者，他们也知道忠诚对于管理的重要性，却不知道该如何培养员工对企业的忠诚。结果，他们虽然殚精竭虑地管理团队，但总是收效甚微，总也留不住员工的心。平常还好，一遇到问题，员工或者不用心解决，或者"如鸟兽散"找机会躲避。结果，这成了恶性循环，问题越来越严重。

1964年，费雷得·德卢加开了一家肯德基三明治快餐店。他创造了一个奇迹，短短几年的时间，这家快餐店就发展成为很有名气的肯德基连锁店。德卢加的成功有什么诀窍？他是怎样做到这些的？很简单，他用关心获得了下属的忠诚，用忠诚获得了企业前进的动力。

对于员工的招聘，德卢加要求很严。一天晚上，他在忙完自己的事情后，又依照常例亲自到店里检查工作。他进入一间肯德基餐厅后，发现这间餐厅的柜台十分凌乱，柜上的食品放得乱七八糟，像刚刚遭遇洗劫。这种糟糕的情形，让他无法容忍。他火冒三丈，对正在干活的一名员工大声喝斥，责令他马上将整个餐厅收拾干净，并亲自帮助员工整理起来。那名员工没有多说什么，埋头干活。整理完后，他留下一句"下不为例"，就走出了餐厅。

第二天，当德卢加查看销售记录时，却惊奇地发现，昨天他大发雷霆的那家分店，销售量出奇地高，远远超过了前段时间的销售纪录。这个时候他忽然明白，那个分店之所以杂乱，不是因为员工不好好工作，而是顾客太多员工太少。他知道，自己冤枉了那名员工，实际上那个员工很称职。怎么办？他心里很不踏实，觉得自己对不住这名尽职尽责的员工。于是，他在当天晚上，又来到这家分店，真诚地向那位员工道了歉。

出乎他的意料，那位员工对他的道歉丝毫没有放在心上，只是随口应了一句"没关系"，就工作去了。他感觉到，这位员工并没有说出自己的心里话。他想：这样可不行，员工会带着情绪做事的。为了解决这一问题，他找到这位员工，再次真诚地道了歉，并鼓励其说出自己的心里话。

终于，那位员工说出心里话了。原来，他非常生德卢加的气，认为自己辛辛苦苦工作，到头来却被老板无缘无故地批评。为了消除心中的恶气，他在德卢加离开后，悄悄地到储藏间，拿了一加仑的食用油，狠狠地倒入了排水沟中。他的用意，不言而喻。

这件事，引起了德卢加的重视。他开始反思，认为是自己的多疑和疏忽导致判断失误，从而冤枉了一位尽职尽责的好员工。他开始思考，为什么不能很好地解决这个问题呢？如果能够多为员工们着想，多关心他们，还会发生这种事吗？显然不会！

从此之后，他学会了如何关心下属，懂得处处为下属着想，和下属的关系也越来越融洽。当然，下属们对公司的忠诚度也越来越高，越来越尽心尽力地为公司做事。

虽然说忠诚的团队好管理，可忠诚并不是自来水，随时拧就随时有。要想收获员工的忠诚，就必须付出感情。作为管理者，一定要学会换位思考，多给予员工关心和理解，多信任他们，让他们的忠诚有生根发芽的土壤。这样，他们的心才会慢慢向我们靠近。

当然了，除此之外，管理者还应该把员工的利益放在心上。因为，无论何时，员工的利益都是忠诚的基础之一。

◎ 培养一群人，而非培养接班人

奥尼尔是美国一家汽车公司的销售总监，作为管理者，奥尼尔工作很认真，每天都是第一个到，最后一个走。但是，奥尼尔总是觉得自己的工作太多，像是没有尽头似的，晚上睡觉的时候，都在想着如何做出好的业绩，然而自己团队的销售业绩仍得不到提高，一天下来，他总是精疲力竭。对于这样的现实，奥尼尔觉得很难接受，作为管理者他在尽心尽力管理下属，但是得到的回报总是和付出不成正比。如果再这样下去，自己迟早有一天会卷铺盖走人。不久后奥尼尔决定培养一个下属来帮助自己。

于是，他开始把要做的事按重要性、难易程度来安排。同时，也把各项工作分给下属去做，这样既减轻了自己的负担，又能够让下属的能力得到提升。自己只负责三件事：第一，布置工作。每天他都会安排好每个下属做什么，该如何去做。第二，协助下属。作为管理者，奥尼尔有责任指出下属的不足之处，并帮助改正，同时也会教导下属如何更好地完成工作。第三，验收。下属完成工作后，自己都要去检查完成的质量，让下属进行总结。一个季度后考核，会给予员工奖励或者惩罚。

在尝试了这种管理方法后，奥尼尔发现，自己的心渐渐地轻松起来，而下属也有了工作的积极性，销售业绩步步高升。

奥尼尔的管理方法效果很好，每天也有充足的时间去做些自己想做的事情。他意味深长地说：作为管理者，最重要的就是要用好最重要的资源——人。管理者的主要任务不是亲自去完成任务，因为公司的任务很多，管理者根本就忙不过来。这时管理者就要学会任用下属，培养下属，让下属来分担一些任务，这样管理者就能抽出时间去管理。

奥尼尔的销售业绩进步神速，他的团队不仅工作效率高，而且也很轻松。从奥尼尔的身上，我们可以看出一个企业管理者应该怎么做。管理者必须要使用好公司中最重要的资源——人，使用人，培养人，这样才能更好地履行管理职责。

但很多管理者往往有做得不到位的地方，那就是他能够培养一群人，却只培养了一个人。很多管理者都有为自己培养接班人的想法，不过，企业的发展只靠一个独当一面的人才是不够的。作为管理者，我们不仅需要培养人才，更需要培养尽可能多的人才。

在赵薇主演的电影《花木兰》中，我们看见一个强悍的女人在操练自己的队伍，操练对象是所有的步兵，而骑兵们另有训练。操练一个人，上了战场也逃不了一个"死"字，但是操练一群人就不一样了。力量是汇聚出来的，力量越大，在战场上就越容易取胜。当今的企业也好比是一个战场，因此管理者在培养人才方面，不能仅仅针对一个人，而是要把目光放长远，面向一群人。

柳传志曾经说过，管理者在人才培养方面要有一定的战略，比如，一个人有什么样的水平，就安排什么样难易程度的工作。如果工作简单的话，不利于一个人的成长，而工作太难的话，则会严重消减一个人的积极性和锐气。柳传志给予年轻人发展的机会，给予人才发展的舞台。作为管理者，柳传志的人才培养计划是"培养一群人，而不是培养一个人"。

柳传志被人称为联想公司的"教父"，很大一部分原因是他在管理人才方面有独特的方法。柳传志十分迷恋长篇小说《斯巴达克思》，这本小说最让人震撼的就是斯巴达克这个人物，勇敢的斯巴达克建立了一个"斯巴达克方阵"，这个方阵是由不同的人组成的，里面有骁勇的角斗士，也有懦弱的奴隶。但是在经过训练之后，这支"杂牌军"却爆发出了强大的战斗力，杀得古罗马精锐军团片甲不留。

柳传志希望自己的公司能够像小说中描述的队伍一样，结成一个方阵，前面的人倒下，后面马上就有人补上，阵脚不乱、气势不减。柳传志常常想，要是能够做到这样的话，即使公司遇到了大风浪，也会处变不惊。于是，柳传志给自己定下目标：要为公司培养"一群人"。有了这样一群人，联想公司的发展会如虎添翼。

从公司管理的角度来说，就是要有一个好的管理班子，这个班子不但能制定战略，还要有执行能力和带队伍的能力。要怎么做到这一点呢？

1994年，联想设立了总裁办公室，这个办公室不是给一个人的，而是给一群人的。柳传志把公司内具有良好塑造性的人才全部集中到了这个办公室内，这些人中，有的是企业一线业务部门的总经理，有的是管理部门的总经理。这些人都不知道柳传志的目的，只是柳传志每次做决策的时候，都会叫这些人来总裁办公室讨论，而柳传志本人也从不缺席。有时候，一个问题会讨论数次，但柳传志总是不厌其烦地和大家一起争论。

渐渐地，在总裁办公室的这些人发现，每一次都能学到东西。柳传志的目的也变得清晰起来，他在为联想培养一群人，而不是培养一个人。

如今，很多企业都会对新进人员进行集体培训，一是节省资源，二是可以造就更多的专业人才。这样可以达到柳传志说的那种境界，一个倒下了，下一个会立马接上来，不会阻碍一个队伍前进的步伐，不会因为人才缺乏而愁眉苦脸。

管理者只培养一个下属的时候，下属往往会因为没有对手，觉着没有竞争力，时间久了，就会懈怠起来。而培养一群人的效果就不一样了，每个人时时刻刻都在竞争，时时刻刻都在虚心学习东西。培养一个人，或许他最后会成为自命不凡的人物，野心也会越来越大，最后企业得不偿失。但是培养一群人就不同了，他们会相互制约，相互督促。就像杨元庆、郭为、朱立南等，这些都是柳传志自己培养的人才，现在这群人撑起了柳传志退休之后的联想。

对企业来说，人才是最重要的，所以管理者有责任有义务去帮助企业培养人才。而培养人才有很多种方法，所以要根据实际情况找出最适合企业现状的人才培养模式。当然，培养一个人简单些，培养一群人就需要耗费更多的时间和精力，但是回报与投入成正比，单单培养一个继承人所带来的回报是远远无法与培养一群人相比的。

◎ 建立合理的晋升机制

众所周知，企业中最重要的资源是人才，人才是企业向前发展的根本保证。所以，人才的流失会给企业造成巨大的损失，使得企业发展的脚步迟缓、停滞，甚至后退。正因为如此，如何能够使人才不流失，就成了每一位管理者极为关心的问题。

我们知道，人才流失最主要的形式是员工离职。无论企业花费多大精力去培养员工，一旦员工离职，那么企业所有的付出都是为他人做了嫁衣。人才流失的另一种形式，是有能力的员工没被发现和重用。事实上，不少企业中都存在着有能力的员工不被重用的情形。当然了，这种情形最终还是会导致员工离职。因此，管理者要想使人才不流失，就一定要学会"留"住员工。

如何才能留住员工？根据调查，在众多离职原因中，企业的晋升机制不健全占了很大比重。为什么会这样？很简单，现代社会的人们对晋升的关心多于对薪酬的关注。因此从某种角度上说，企业的晋升机制决定了员工是走还是留。

除了走和留的问题，晋升机制是否合理还能够影响员工能力的发挥。比如说一个很有能力的员工，在本职岗位上能力无处发挥，久而久之就会产生懈怠心理。就算他没有离职，做出的成绩也会大打折扣。对于一个管理者来说，这种情形自然会影响团队的工作效率。所以，管理者要想管好团队用好人，就一定要建立合理的晋升机制，为员工创造机会，也为自己创造机会。

陈敏是一个很优秀的女孩，至少熟悉她的人都这样认为。她是学新闻出身的，当年还未毕业便已在电台、报社积累了丰富的采写经验。和朋友聊天时，她曾这样感慨："正式签约报社时，我虽然是新兵，但已经算是老员工了。"照理说，这样一个优秀的女孩，升职应该很快，事实却并非如此。

在报社工作一段时间后，怀揣梦想的陈敏满怀信心地跳槽到北京一家广告公司，开始勾画事业蓝图。她以为，曾经的媒体从业经验会为自己加分，但出乎意料的是，广告公司里与其经历类似的员工有很多，甚至还有从知名媒体跳槽而来的资深记者。她虽然有些沮丧，却依然相信自己能够干出一番事业。

工作第三天，经理派她协助项目经理撰写某饮料的广告文案。接下任务，她觉得自己大展拳脚的机会来了。当天晚上，她就开始撰写文案，并把这份文案洋洋洒洒、天马行空地写成了一篇小说。第二天交上去后，她以为经理会大加赞赏，却意外地被批评得体无完肤。紧接着，便是一而再、再而三地修改，直至达到文案书写的基本标准。第一次接任务，虽然最后也完成了，但是过程相当曲折。

尽管经理觉得她是新人，给予了足够的宽容和谅解，但这对于自尊心极强的她来说，可谓奇耻大辱。为了实现自己的宏图大计，她憋着一口气，计划大打翻身仗。从这以后，她更加勤奋地工作，努力地学习，想要尽快适应广告业。一有闲暇，她就到图书馆大量搜罗广告文案的相关书籍，通宵达旦地恶补知识，并反复琢磨研究同事写的文案。在这些努力之下，她很快开始上路，逐渐摸索出广告的语言感觉。有些时候，她甚至能独当一面地应对一些小客户。

工作能力的增强，让她欣喜不已。她认为，用不了多久，自己就能升职，就能在事业蓝图上勾勒出浓墨重彩的一笔。可是事与愿违，工作两年之后，她还是在原地踏步。更糟糕的是，她没有发现经理有给自己升职的意图。这让她心灰意懒，开始变得怠慢懒惰。在这种情形下，她的升职变得更加艰难。有一次，部门主管另谋高就，自认为业务能力优秀的她，猜测领导十有八九会提拔自己。然而，希望最终成为奢望，部门主管的位置被一位外聘来的空降兵占据了。这不禁让她失落万分，工作业绩也一落千丈。

后来，因为业绩不佳，经理被辞退，老总又高薪外聘了一位经理。新任经理到任后，通过各种渠道，逐一了解了自己的下属，当然也包括陈敏。他发现，这个叫陈敏的女孩学习能力很强，工作能力也很强，但是最近有些消极怠工。为什么会这样？通过一段时间的接触，他渐渐知道了她消极的原因。

某天，新任经理约陈敏谈话："尽管我来公司不久，但也大致了解了公司的情形。我发现，公司之前的晋升机制有些缺陷，因此打算向老总提一些建议。我想请你帮我找出这些不足，我们一起想办法解决。"看到陈敏吃惊的样子，新任经理笑了，意味深长地说："我的用人原则是任人唯贤，任何一个有能力、肯学习、能吃苦、够认真的好员工，都能从我这里得到晋升的机会。你要记住，你只要肯给自己'升值'，那就意味着离'升职'不远了。"

经理的话让陈敏感触颇深，也让她心头一热。她意识到，只要努力，只要让自己的能力强起来，那么离晋升就不远了。她还想到，在新的岗位上，自己肯定能发挥出更大的作用。这次谈话成为她工作的动力。从此之后，只要一有机会，她就自告奋勇参加全国各大展会，与企业老总们近距离交流，感受这些成功者的经营管理理念。同时，她还积极参加各类企划培训，让自己的视野开阔起来。在工作上，她变被动为主动，定期向客户提供宣传新思路、新创意。在不懈努力下，她很快赢得了客户的广泛认可，甚至一些客户点名让她执笔策划。

看到她如此优秀的表现，经理大为满意，很快便提升她为部门主管。在就职新职位的第一天，她给自己的团队开了个会。在会上，她对大家说："大家的努力，我看得到！"

对于一个企业来说，人才很重要。管理者要想让团队蓬勃发展，创造出非凡的业绩，就一定要想方设法留住人才。而留住人才最好的办法，就是给他们创造晋升的机会。管理者要让员工们知道：无论是谁，只要努力提高能力，只要能够适应更高职位的要求，就会有升职的机会。当然了，口说无凭，管理者需要拿出一套合理的晋升机制，这样才能让员工们安心，并认真、努力地工作。

那么，如何建立一个合理的晋升机制呢？

第一，做一个一流的管理者。

俗话说，第一流的管理者用第一流的人，第二流的管理者只会用第三流的人。因此，作为管理者，我们必须先让自己充实起来。我们要让自己有不俗的能力，还要让自己有进步的价值观。既然想要让千里马有奔驰的舞台，我们就要先努力让自己成为伯乐，去发现那些隐藏在马群中的千里马。

第二，晋升制度必须公平。

因为每一个人所处的位置不同，所以晋升制度往往很难对每一个人、每一个层次都做到绝对的公平。但即便如此，管理者还是应该尽量做到公平，至少要做到不偏不倚，让每一个人都有晋升的机会。

第三，鼓励员工多交流，多去帮助他人。

这和员工的能力没有多大关系，但一个人如果乐于助人，在工作中能够帮助他人提高技术水平，那么他就会有晋升的机会。如果一个人既保守又自私，不愿意帮助他人，那么他获得升职的机会就会变少。

第四，多给员工一些挑战的机会，提供更多的资源。

举例来说，要想让士兵尽快成长为将军，就要给士兵提供更多的资源和机会。所以，管理者要想建立合理的晋升机制，就要敢于给一些勇于挑战的员工更多的资源，在严酷的战斗中考验他们，并提供充分的弹药。

第五，给予员工更多的培训。

培训员工，永远是让员工晋升的最佳途径。所以，在建立合理晋升机制的同时，要尽可能多地给员工提供培训。

总而言之，管理者要想管好人用好人，激励永远是最有效的方法之一。而合理的晋升机制，则是激励员工的最好方式。可想而知，在一个有无限升职机会的团队中工作，员工会怎样积极、主动、认真、努力。他们将会发挥最大的潜力，创造出最佳的成绩。

第四章

权力的制衡与分享

　　权力是每个人都渴望得到的东西，然而只有那些真正手握权力的人才能意识到，有效率地行使自己的权力是一件多么不容易的事。事实上，权力越大，行使起来就越难，因此，只有对手中的权力进行有效的制衡与分享，才能让权力发挥应有的价值。

◎ 根据战略来建立组织架构

我们首先需要先了解一下"组织架构"的定义。

所谓组织架构，指的是一个组织整体的结构，是在企业管理要求、管控定位、管理模式及业务特征等多因素影响下，在企业内部组织资源、搭建流程、开展业务、落实管理的基本要素。打个比方，要建造一座大厦，需要先用钢筋水泥构建出大厦整体的骨架，而这整个骨架，即是这座大厦的组织架构。

在职场上，战略通常被解释为企业战略。企业战略就是一个公司设计用来开发核心竞争力、获取竞争优势的一系列综合的、协调的约定和行动。如果选择了一种战略，那么公司就在不同的竞争方式中做出了选择。所以，我们可以这样理解：战略选择表明了一家公司想要做什么，以及不做什么。

现在我们已经知道：战略是方向，而组织架构则是根据方向设定的实现途径。还以建造大厦为例，要建造一座什么样的大厦，这是"战略"；战略选择确定以后，开始建立大厦的整体结构，这就是"组织架构"。而在这之后，则是整座大厦的完全建成。我们可以这样认为：要想建造一座一流的大厦，那么必须有一流的大厦结构，而一流的整体结构则是建立在战略——想要什么样的大厦的基础之上的。所以，我们可以得出这样的结论：组织架构的建立需要根据战略来确定。

确实如此！有学者指出，组织架构的功能在于分工和协调，是保障战略实施的必要手段。通过组织架构，企业的战略转化成一定的体系或制度，融合进企业的日常生产经营活动中，发挥指导和协调的作用，以保证企业目标的实现。

所以，每一个管理者都应该有这样的一种认识，将组织架构建立在战略的基础之上。

事实上，很多管理者习惯将战略与组织架构分离，他们认为这两者之间并没有太密切的关系。可是这样的认识，却导致了管理的混乱。

我们来看一个案例：

张强从原公司离职后，很快被一家知名的软件公司相中，去做了总经理。在原来的公司里，他已经做了五年的总经理，因此这份工作对于他来说，可谓轻车熟路，并没有太大的难处。

可是，进入这家公司不久，他就开始觉得头痛了。他发现，公司几年来一直在为管理体系质量与效率不高的问题烦恼。可奇怪的是，管理层明明知道存在这些问题，却迟迟不能解决。

这是怎么一回事？通过观察和了解，他找出了问题的根源。原来，公司里管事的人多，分析责任起来出了问题后不容易弄清楚是谁的责任。几年来，公司领导几乎是一年一换轮番来解决这个内部管理不善的问题，却收效甚微。所以一直到现在，项目进度依然严重拖延，质量问题也层出不穷，高层都有一种力不从心的感觉，改进的决心也就弱了。

通过进一步了解，张强发现，公司之所以会出现这种局面，是组织架构和战略目标不符造成的。

早些年，公司进入快速发展期，公司管理层根据战略目标建立了合理的组织架构，使得公司内部每一个人都能在合适的岗位上，充分发挥自己的力量。正是因为这样，公司才发展得越来越好。随着市场需求的变化，公司又制定了新的发展战略，原有的组织架构与新的战略之间出现了很大的偏差。可是，却没有管理者发现这个问题，他们一味地追究管理的问题，却没有找出问题的根源。结果，管理出现了混乱。

发现这个问题之后，张强立即向公司最高层汇报，阐述了自己的想法。公司最高层同意了他的意见，重新建立了组织架构。结果，混乱的管理得到了有效的改善，公司又开始稳健发展。

有一个很简单的道理，水必须在河道里流淌，无论水在河道里如何翻腾，都不能跑出河道，否则就成了洪水。河道就是战略。所以，管理者要想更好地管理企业，管理团队，就必须根据战略来建立组织架构，还管理一个"清平世界"。

或许上面的例子有点难以理解，那么我们现在列举一个大家耳熟能详的例子：

有一个小和尚在寺庙负责撞钟。

半年下来，他觉得无聊至极，做一天和尚撞一天钟而已。好在这项工作很轻松，他做着倒不觉得辛苦。

可是有一天，住持却宣布调他到后院劈柴挑水，原因是他不能胜任撞钟一职。这项决定让小和尚很不服气，他质问主持："我撞钟难道不准时、不响亮？"

主持无奈地告诉他："你撞的钟虽然很准时，也很响亮，但钟声空洞、疲软，没有感召力。你要知道，我们的钟声是要唤醒沉迷的众生，因此钟声不仅要洪亮，还要浑厚、深沉、悠远。"

这样一看，小和尚的确不称职。可是，除了小和尚的原因之外，住持就没有责任了吗？

现在，很多公司正上演着这个故事。住持就是公司的高层管理者，小和尚就是公司的部门经理。高层管理者经常会责怪下属办事不力，而部门经理会据理力争，认为是上级指示不明，自己已经做好了分内的事。这样，上责下，下推上，管理自然一塌糊涂。那么真正的责任到底在谁身上？

我们仔细一想，就会发现，责任在高层管理者身上。

就住持与小和尚来说，责任在住持。很显然，住持在建立组织架构的时候，出现了问题。他虽然有了明确的战略目标，却没有将组织架构建立在战略的基础之上。既然钟声要唤醒沉迷的众生，那么他在小和尚进入岗位的时候就应该让其清楚撞钟的标准和重要性，包括考核标准和处罚措施等。

试想，如果小和尚知道撞钟是要唤醒沉迷的众生，那么他还会懈怠吗？显然不会。

可以说，管理的混乱以及目标的偏离，都是住持一手造成的。

许多管理者忙着抓管理，抓工作，却忽视了公司的组织体系、岗位职责和流程制度等组织架构的建设。或者，他们在建立组织架构的时候，忽略了公司的战略目标。这些做法，显然是不可取的。公司的组织架构，需要根据战略来建立，管理者时时刻刻都要记住这一点。

◎ 遇到问题，有人负责

粗略地划分，一个企业或组织只有两类人，一类是管理者，另一类是下属。

管理者或大或小都是一个组织的负责人，需要对组织中的人和其他资源进行计划、组织、领导和控制，以便更快、更有效地实现组织目标；而下属则需要执行管理者所布置的任务，需要动手操作，认真、忠实地完成任务，以保证组织的正常运行。

总的来说，一个企业或组织，在管理者与下属共同的努力下，才能健康发展。

但是，任何一个组织在发展中，都会出现这样那样的问题。小问题或许不会让组织伤筋动骨，但是一些大的问题，却足以决定组织的生死。

所以，对于组织来说，必须解决遇到的问题，扫清前进的障碍才能继续发展。

那么，怎样解决问题？谁来解决？这是组织中经常遇到的问题。如果管理者不能发现组织内出现的问题，或者不能很好地解决，那么想取得好的成绩不过是异想天开。

所以，解决问题的责任，便落在管理者身上。遇到问题时，管理者需要担起责任，想办法解决。

事实上，管理中遇到问题时，很多管理者都喜欢推脱责任。他们以为，推脱掉责任，就不用对问题负责了。我们知道，这种做法是一种不懂管理、不会管理的表现。

作为管理者，权力和责任是相应的，手中有权力就会有责任，权力有多大，责任就有多大。

有些管理者平常对下属不管不问，只将任务分派给下属，既不指明方向，也不提供支持。可是，等到下属出现问题时，他们却"跳出三界之外"，把自己的责任撇得干干净净。这样的管理者能管理好团队吗？很难。

作为管理者，我们需要对自己手中的权力负责。我们需要把工作任务分派给下属，让他们去处理，但是在分派任务的时候，我们也要告诉他们应该怎样做；在他们进行工作的时候，我们也有责任给他们指明方向，提供支持，这是我们必须担负的责任。我们在尽到自己责任，授权给下属的同时，也要明确他们的责任。

我们是管理者，也就是工作的指挥者，需要把每一项任务都精确到人，即我们需要把责任细分到人。

举个例子：一棵大树，是由根、干、枝、叶组成的，这就是一个组织。在这个组织中，根负责吸收地下的水分和养分；干负责输送水分和养分，并支撑树冠；枝需要把水分和养分传输给树叶；而树叶则负责进行光合作用。我们来看，大树的每一项活动都有"责任人"，任何一环出了问题都可"责任到人"，那么解决起来，思路就很清晰了。而管理者的作用，则是统筹管理这些活动。

很多组织中会出现管理混乱的问题，出了问题员工互相推诿，找不到真正该负责的人。如此一来，问题便很难得到解决。我们只能说，这是管理者没有管理好组织，他们没有合理地运用手中的权力，把责任细化到人。

我们来看一个很有意思的寓言故事：

老鼠爸爸和它的三个儿子住在同一个窝里。

有一天，老鼠爸爸听说外面有一瓶油，便让三个儿子去偷油。可是怎样去偷，它却没有交代。

于是，三只小老鼠一同去偷油。由于油瓶很高，它们够不着，便决定用叠罗汉的方法，爬上去用器具装油。

可是，一只小老鼠刚刚爬到另外两只老鼠的肩膀上，胜利在望了，却不知什么原因，油瓶突然间倒了，引来了这家的主人，它们只好落荒而逃。

回到老鼠窝，它们开了一个会，讨论失败的原因。

最上面的小老鼠说："因为下面的家伙抖了一下，所以我碰倒了油瓶。"

中间的小老鼠说："我感觉到下面的家伙抽搐了一下，于是就跟着抖了一下。"

最下面的小老鼠则说："我好像听见猫的叫声，所以抽搐了一下。"

讨论了半天，原来谁都没有责任。最后，大家把矛头指向了老鼠爸爸，其中一只小老鼠说："如果你早些告诉我们偷油的注意事项，就不会出现问题了。"

它的责问，引起了大家的赞同。最后，老鼠爸爸只得接受"处罚"，送给小老鼠们一大块奶酪。

到底谁的责任？最大的责任人，当然是老鼠爸爸。它是管理者，在授权给小老鼠们做事的时候，应该明确它们的责任，合理分配任务。比如，它可以让一只小老鼠放哨，让另外两只小老鼠搬来梯子，一只扶梯子，一只偷油。这样，谁出问题，不就一目了然了？

事实上，企业中的管理，也应该如此，出了问题必须要有人负责。其实，问题有人负责的最大的作用是，下次不会出现同样的问题。

不懂指挥的军官葬送的是士兵的生命，不懂管理的管理者葬送的是下属的前途，影响的是企业的命运。

所以，作为管理者，我们一定要慎重。好的管理者，总是能够很好地利用手中的权力，合理地将每项工作与其责任人挂钩。能够做到这些，那么任务就能够很好地完成；不能够做到这些，管理者就需要负最大的责任。

1973年，后来任印度总统的阿卜杜尔·卡拉姆曾担任印度卫星运载火箭项目的总指挥。

在他的领导下，许多科学家和技术人员夜以继日地努力工作。他们的目标，是在1980年之前将"罗西尼"号卫星成功送入预定轨道。对于当时的印度来说，这是一项艰巨的任务。

虽然阿卜杜尔·卡拉姆尽职尽责，但他还是不得不分出一些时间来处理别的工作，这使得他不能百分之百地投入到运载火箭项目之中。

火箭在1979年8月份发射了，但是在飞行的第二个阶段却发生了意外，本该飞向预定轨道的卫星非但没有就位，反而冲进了孟加拉海湾。

这次事故，使得整个印度都惊呆了。所有人都在想：几年辛苦毁于一旦，这到底是谁的责任？

出人意料的是，在印度空间研究组织主席哈万教授召开的新闻发布会上，人们没有听到阿卜杜尔·卡拉姆把责任归咎于属下任何一个人，而是自己把责任扛了起来。他真诚地说："团队中的每一个人都非常努力，但我没有给予他们足够的技术支持。在此，我向国民道歉并保证，明年我们一定会取得成功。这是我的失误，我希望能够取得大家的继续支持！"

第二年，这个项目真的获得了成功。

美国著名管理顾问史蒂文·布朗认为，管理者如果想发挥管理效能，就得勇于承担责任。

事实上，当问题出现的时候，任何管理者想推脱责任，都是不可能的。因为，管理者的手中握有权力，他们需要负起主要责任。即便他们把责任分工细化到了每一个人，当问题出现的时候，他们还是有不可推卸的责任。

想想看，下属犯错，管理者有没有犯用人不当、监督不力或者支持不够的错误？当然有！当然了，对于那些责任分派不到位的管理者而言，他们的责任更大。

在一个组织中，只要出现了问题，管理者就有不可推卸的责任。

◎ 让下属为自己的权力负责

工作中出现问题，无论是不是领导的过失，领导都负有一定的责任。因为，领导站在高处，就必须要统筹全局。

但是，我们不能因为这样，就忽视了下属的责任。事实上，当领导将权力下放之后，下属就已经承担了自己的那部分责任。作为领导者，我们要让下属明白，他们需要为自己的权力负责。

小赵是某公司销售部的员工，他在公司做了两年，销售经验丰富，工作踏实，深得领导器重。

可是，再优秀的员工也有犯错的时候。

领导信任小赵，让他可以直接从仓库发货给客户。可是，在一次签订一个大单之后，小赵因为一时疏忽，把去年年底的积压货物，当成了工厂刚生产的新货物，发到了客户手中。客户在收到货之后，发现不对，就指责他们。

这次失误让公司的信誉大打折扣，客户认为是上当了，强烈要求退货。最后，公司为了挽回信誉，不仅为客户退了货，还给了客户一定的赔偿。

公司高层震怒，决定严肃处理这件事。

小赵是难得的销售精英，销售部经理王总不愿意因为此事让小赵心中留下阴影，便打算将过失揽到自己身上。

可是，在公司例会上，还不待王总开口，小赵就主动站起来，承担这个责任。他说："领导给了我权力，让我直接发货，可是由于我的粗心，出现了这样的问题，影响了公司信誉，我应该对此事负责。"

小赵的态度，使得公司领导十分满意，虽依照规定对其进行了罚款，却并未追究别的责任。

王总也非常高兴，他十分欣赏小赵的态度。他认为，公司需要的就是这样能对自己权力负责的员工。

确实如此！一个公司最需要的，就是能够对自己的权力负责任的员工。员工犯了错误并不可怕，怕就怕在不能够为自己的行为负责。我们必须清楚，只有一个人肯为自己的行为负责，才能真正地解决问题。

就这个故事而言，销售经理王总也有责任，他当然可以把责任揽到自己身上为小赵开脱。但问题是，开脱之后的小赵，能真正认识到自己应当负的责任吗？如果不能，那么是不是还会出现这样的问题？其实这些，才是最重要的。

作为一个管理者，手底下总是会有一些下属。下属们在进行工作的时候，或多或少都会出现问题，管理者不可能把责任全都揽在自己身上。所以，管理者在授权的同时，应该明确告诉下属：出现问题需要自己负责。

事实上，让下属对自己的权力负责，是一个管理者管好组织或者团队的关键。

假如，某家公司的管理者在管理员工的时候，愿意把自己手中的权力下放给下属，懂得授予他们一定的自主权，让他们可以最大限度地发挥自己的能力。这固然很好，不过，在授权的时候，管理者要明确告诉下属：我可以给你们权力，但你们要明白，权力越大，需要承担的责任也越大。

◎ 权力与责任是相互的

让下属为自己的权力负责，有以下好处：

首先，管理者让下属为自己的权力负责，可以激发下属的进取心。

下属在明确自己的责任之后，肯定会积极进取，尽量避免问题的出现，努力完成任务。其实，管理者授权给下属，就已经激发了员工的进取心，但是这些还不够。牧羊人解开羊脖子上的绳子，给了它们更大的自由空间，它们肯定会找到一些水草丰美的地方。但是它们就一定能够吃饱吗？不一定，它们可能会只顾着玩，忘记了吃草。而责任的好处就在于提醒它们：认真吃草吧，达不到要求明天就不解开绳子了。

其次，激发下属的潜力和带动他人的积极性。

这个很容易理解，在责任的驱动下，下属们会竭尽全力完成任务。比如，一名销售人员的月销售任务有多少，那是他的目标，也是责任。为了实现这个目标，他肯定会想尽一切办法，挖掘潜力去实现。如果没有负责意识，那么他就会松懈下来，很难发挥出全部的力量。同时，当一个人为了责任积极作为的时候，他能够带动身边的人也积极起来。

最后，管理者让下属负责，能够真正减少问题的发生。

可想而知，当所有下属都能够为自己的权力负责时，排除一些意外或者突发状况，一般不会出现什么问题。

那么，管理者要想让下属对自己的权力负责，到底应该怎样做呢？我们认为，管理者需要做到以下几点：

第一，分解责任。

权力意味着责任，管理者在授权的时候，需要分解责任，做到一个责任对应一个人。

有些管理者常这样安排工作："小张、小王，你们俩把这件事情处理一下。"这是在授权，把权力同时下放给两个人。这样做看似没什么问题，但责任与人之间的关系却不够明确。两个人都去做这件事，到底谁在负责？

责任分解不明确，一旦出现问题，就不可避免地会出现推卸责任的情况。而管理者，却根本无法判断责任究竟属于谁。所以，管理者要想让下属为权力负责，授权的时候，就必须要把责任分解到位。责任明确到个人，就无法推卸。

第二，一个责任必须由一个人负责到底。

战场上，最忌讳的是临阵换将。战斗进行得正激烈，将领换了，这不仅会导致前期工作可能被浪费，后续工作很难展开，还会导致责任不明。出了问题，到底责任在谁？

职场上，如果一个责任今天由张三负责，明天由李四负责，后天又换成王五负责，那么推卸责任的情况就不可避免地会出现，因为那么多人轮流承担一个责任，很难准确地判断究竟问题出在哪一个环节。只有让一个人负责到底，才会杜绝这种情形的出现。

当然了，如果一个人确实无法胜任工作，那迫不得已只得换人。但一般情况下，最好不要换。

第三，责任和权力必须相对称。

很多管理者在授权的时候，让下属承担了很多的责任，却没有给予其足够的物力、人力、财力等资源的调配权。这样，就导致下属难以有效地开展工作，切实地承担起这份责任。

所以，只有让权力和责任相对称，才可以指望下属真正肩负起自己的责任。

第四，责任和收益必须对称。

作为管理者，必须要考虑的一个问题，是下属的收益。因为，下属努力工作，认真履行责任，是需要得到相应收益的。

我们来举个例子：

小高是某公司营销策划部的优秀员工，因为能力突出，部门经理特别重用他，授予了他一些权力，经常喜欢把事情交给他做。

刚开始，他毫无怨言地将经理安排的工作做好。可是，久而久之，经理慢慢发现，他开始推辞任务了。他常常抱怨说："经理，不好意思，我真的没有时间，手头的工作太多了。"

他是真的没有时间吗？不是！是他没有获得相应的收益。工作多了，责任大了，可是收益却没有增加，他自然不愿意做，这就是他推辞的原因。可想而知，就算这个时候他被迫接受了任务，也不会用心完成。

管理者授权给下属，其实就是把责任给了下属。所以，管理者必须让下属为自己的权力负责。只有如此，下属手中的工作才能很好地完成。

权力与责任是相互的，拥有权力，也就意味着要承担相应的责任。世界上不存在只享受权力，却不承担责任、义务的事情。这个道理，需要管理者用实际行动来告诉下属。

◎ 灵活运用手中的权力

所谓管理者，说白了，其实就是"管人的人"。一个善于管人的管理者，肯定能把组织经营得朝气蓬勃。

可是我们都知道，自古以来最难管理的就是人。每一个人都会有自己的观念、立场、判断标准和想法，所以有时候很难同管理者做到步调一致。因为这个缘故，管理者管理人的时候，总会遇到这样那样的问题。

好在管理者手中拥有权力。使用权力是影响他人的一种行为，在这一行为中，使那些不服从的人受到损失。从这里我们可以看到，权力带有一定的强制性。这很容易理解，在企业中，员工不遵守规章制度，就会受到管理者的惩罚。比如说一个员工迟到了，主管就有权力按照制度扣除他的奖金。

可以说，在权力的约束下，管理者和下属之间的关系达到了一个平衡的状态。而正是这种平衡状态，维系了企业的正常运转。

春秋时期，军事家孙武善于用兵。出山之前，他本人极为低调，隐居在偏僻的地方，所以没有什么人知道他的才能。

吴国大夫伍子胥知道孙武很有才华，便多次向吴王推荐孙武。于是，吴王便召见孙武，向其请教用兵的方法。

一见面，吴王便深为孙武的军事才华所折服。孙武陈述军事战略，吴王不知不觉地连连称好。

两人谈论了几日，吴王意犹未尽，他问孙武："先生的用兵谋略如此精妙，那么是否可以稍微试验一下呢？"孙武说："可以！"于是，吴王便让孙武用宫女做试验。

孙武让吴王宠爱的两位宫女当军队的队长，每人带领一队，几百个宫女都披上铠甲，戴上头盔，拿着剑和盾。看见一切就绪，孙武便告诉她们军队的号令，并让她们随着鼓声或前进或后退、或向左或向右，演练行军布阵。

那些宫女根本就没有见过行军布阵，也不太清楚军队的禁令。虽然孙武已经明确告诉她们军令如山，她们却只把这当成了游戏。孙武让她们在第一次鼓响时振作精神，第二次鼓响时呼喊前进，第三次鼓响时排成作战的阵势。可是，她们却都嘻嘻哈哈，乱成一团，根本就无法执行。

无奈之中，孙武亲自拿着鼓槌敲鼓，再三命令、反复告诫。可是，那些宫女还是笑声不绝。

这个时候，孙武对执法官说："拿斧头和铁砧板来。"

执法官拿来了斧头和铁砧板，孙武便问执法官："禁令不明确，命令不遵守，是将官的罪过。但是，将领已经下了禁令，而且三令五申，士兵仍然不能按照命令后退或前进，那是不是就是队长的罪过了？按照军法，应该怎样处置？"

执法官回答说："按照军规，队长应该斩首。"

于是，孙武便命令执法官处斩两个队长。

吴王在阅兵台阅兵，看见孙武将要处斩自己的宠妃，马上派使者前去搭救。他让使者对孙武说："我已经知道先生能用兵，可以停止了。我如果没有这两个妃子，那么将会食不甘味，还请先生不要杀她们。"

孙武说："我既然已经被大王任命为将官，那么将官在军队中执法，君主即使有命令，我也不能接受。"

于是，吴王的那两名宠妃，还是被处斩了。

随后，孙武又重新敲起战鼓，要求宫女们向左或向右、前进或后退。这个时候，宫女们都合乎规矩，老老实实，甚至连眼睛都不敢眨。

孙武对吴王说："军队已经操练整齐，请大王检阅。这支军队，大王可以随时使用，即便让她们赴汤蹈火，也不会有什么困难。"

这个时候，吴王才真正佩服孙武的军事才能。

如果将孙武放在企业中，那么他就是一个杰出的管理者。他能够很好地利用权力的强制性，约束下属，实现管理的目的。

事实上，在现代企业管理中，管理者有时候也确实需要用到权力的强制性，去约束员工。这样才能很好地管理员工，让他们按照规章制度做好本职工作。

虽然企业中不会出现"处斩"这样的处罚，但严厉的处罚还是会让员工肉痛。可以说，无论在什么样的企业，管理者的强制管理都必不可少。

但是，作为一名优秀的管理者，我们必须明白，我们手中的权力，不能一直穿着强制的外衣。现代社会的企业管理，强制的效用越来越弱，管理者应该灵活地运用手中的权力。

试想，孙武可以杀一儆百，我们"杀一"能"儆百"吗？有些难！现代社会的员工不同于春秋时的士兵，有时候强制手段不仅作用不明显，可能还会起到相反的效果。

所以，我们一定要选择合适的方式运用手中的权力。

通过应聘，小陈成为一家服装店的店长。这家店属于中小规模的店，员工有十几人，盈利一般。

小陈发现，老板的管理能力不怎么样，所以员工们养成了散漫懒惰的习惯。这种习惯就像传染病，从老员工身上传染到新员工身上，以至于整个店铺都没有朝气。

这种情况，让习惯了高效管理的小陈有些不满意，她决心改变这种现状。

可是，怎样改变呢？

按照惯例，她经过斟酌后重新制定了规章制度。同时她还强调，自己一定会按照制度对违规者进行处罚。她以为，通过这种强制方法，必定能够改变店铺的风气。

可是，这种方法却效果不佳。被处罚几次后，那些经常违规的老员工开始破罐子破摔，继续违规。有些老员工私底下说："罚吧，随便罚，再罚我就不干了。"

这些话传到小陈耳朵里，让她很是无奈。强制措施虽然有效，可是总不能把老员工全都赶走呀！

后来，在朋友的建议下，她开始在坚持大制度的前提下，灵活地制定一些小制度，因人而异地处理一些情况，让老员工和新员工都能心理平衡。

同时，她还定期找一些老员工谈心，了解他们的想法，让他们认识到散漫对整个店铺的危害。同时也让他们知道，如果店铺盈利出现问题，那么受影响最大的就是员工。她慢慢地使员工的心靠向了自己。

在她的努力下，整个店铺员工的精神面貌焕然一新。员工们开始自觉行动起来，气氛变得积极向上。

其实，这样的管理方式，才是高明的管理。管理者手中拥有权力，但强制管理或许一时有效，却会让员工心生反感，最终适得其反。所以，管理者必须灵活运用手中的权力，让权力同时具备胡萝卜和大棒的效果，才能更好地管理下属。

我们必须明白，权力不只是武器，同时也是维系人心的工具。灵活地运用手中的权力，发挥好这两种作用，管理者才能高效地管理团队。

◎ 无为而治的用人艺术

老子认为："我无为，而民自化；我好静，而民自正；我无事，而民自富；我无欲，而民自朴。"

意思是说，如果"我"不乱作为，那么人民就会凭自己的努力自动地形成一种风气；如果"我"喜欢宁静，那么人民就会自己形成一个很正常的社会秩序，在社会活动中人人遵守行为规则、道德规范及法律规章等；如果"我"不发动战事或进行劳民伤财的大工程，那么人民就能够自力更生地富裕起来；如果"我"没有追名逐利的欲望，那么人民就会过着平淡朴素的生活。这段话，简明地阐述了老子"无为而治"的思想，他一再强调无为才能无不为。

那么无为而治，是不是什么也不做呢？自然不是！无为而治就是要靠万民的自我作为实现无不为，依靠万民的自治实现无不治。

老子是圣人，他"无为而治"的思想针对的是天下万民，而对于管理者来说，针对的就是员工了。

没错，在企业管理中，我们也提倡无为而治。企业中的无为而治，就是要求管理者从琐事中跳出来，把权力授给下属，自己做甩手掌柜。这种方式看起来有些不可思议，实际上却是高效管理中的精妙招数。

一个人，即使能力再强，精力总是有限的。以企业中的管理者来说，很多管理者之所以不能很好地管理团队，不是他们的能力不够，而是他们的精力有限。

没办法，他们要做的工作实在是太多了，既要抓管理，又要抓生产，还得处理下属之间那些鸡毛蒜皮的事。如此，他们自然不能做到面面俱到，工作效率当然提不上来。

这种疲惫管理产生的根源是，权力过于集中。事实证明，高度的集权管理只会使管理者精疲力竭，使团队运行缓慢。

所以，一个优秀的管理者懂得适当放权，大胆地将自己手中的部分权力分给各个下属，而自己则坐在高处运筹帷幄，实现无为而治。

《史记·淮阴侯列传》中有一段话很有意思，原文如下：

上问曰："如我能将几何？"信曰："陛下不过能将十万。"上曰："于君何如？"曰："臣多多而益善耳。"上笑曰："多多益善，何为为我禽？"信曰："陛下不能将兵，而善将将，此乃信之所以为陛下禽也……"

这里的"上"是汉高祖刘邦，而"信"自然就是淮阴侯韩信了。这段话有意思的地方就在于，刘邦是君，却只"能将十万"，而作为臣子的韩信却"多多益善"。

照理说，韩信的能力应该强于刘邦，可是为什么最终是刘邦得了天下，成就了千秋霸业？很简单，韩信善带兵，而刘邦善用人。刘邦能够很好地利用人才，把权力授予能带兵的人，而自己做甩手掌柜。刘邦所用的，其实也是一种无为而治的管理手段。

汉文帝时期的名相陈平也是一个管理高手。

有一次，汉文帝问陈平："全国一年共审了多少案件？财政收入有多少？"

一般来说，皇帝问询，做臣子的必定会诚惶诚恐，唯恐回答不够详尽。可是陈平却轻松地答道："这些事有专人主管。"

文帝继续问道："那谁主管你应该知道吧？"

陈平答道："皇上若要了解司法问题，可以问廷尉；若要了解财政收入，应该问治粟内史。"

文帝有些不悦地说："所有的事情都交给别人去管，那么你这个丞相管什么？"

陈平答道："宰相者，上佐天子理阴阳，顺四时，下育万物之宜，外镇抚四夷诸侯，内亲附百姓，使卿大夫各得任其职焉。"

文帝听罢龙颜大悦，对陈平大加赞赏。

我们来看，陈平这个宰相到底有什么用。乍一看，陈平说了一大堆，什么"上佐天子，理阴阳，顺四时""镇抚四夷诸侯""亲附百姓"，似乎都是一些空话。他能亲自做得了那么多事吗？不能！其实，他做这些事情的基础，只是"使卿大夫各得任其职焉"。

简单来说，就是他手中握有权力，然后再把权力妥善地分给下属，让他们处理各项事务。而他自己，只需要把握一下大的方向，在大的决策上拿拿主意就行了。文帝赞赏陈平，其实是赞赏他这种无为而治的政治手段。

从另一个方面来看，下属们也乐意得到权力。因为，如果得不到权力，那么他们做事的时候就会束手束脚，会有诸多限制。这就如同拳击手与人比赛时，却被人绑住了双手，有力无处使。后果就是，下属们往往很难出色地完成手中的工作。

所以，管理者敢于放权、能够放权，可以调动下属的积极性。他们会充分利用自己手中的权力，让工作完成得更加完美、更有效率。

因此，我们可以说，高效管理的另一妙招就是无为而治，就是充分放权。

很多人担心放权会影响自己手中的权力，其实大可不必。现在我们可以看到，放权能够让下属们"动"起来，很好地提高工作效率，这不仅不会动摇管理者的位置，相反，还能够使管理者的位置更加牢固。从这一点看，放权真是好处多多。

广东顺德伟雄集团，是一个拥有松本电工等五大知名品牌、十余家分公司的民营企业集团。这样一个牛气的大集团，老板却是只有小学文化的林伟雄。

当初，因为林伟雄的学历问题，无数同行曾预言这家公司活不到新世纪。但事实上却是，这个让无数传媒惊诧的"广东农民"，把昔日的一间"普通平房",盖成了今天的"巍巍大厦"。

他是如何成功的?很简单,会用人。

公司创立之初,只有小学文化的林伟雄自然不懂得什么是无为而治,他管理企业的手段只有一个字,那就是"情"。

在《伟雄集团创业20周年纪念专刊》上,一位老员工写道:"早年的顺德没有文化娱乐,没有电视电影,有人形容这里是文化的沙漠。但在厂里,乐事趣事却经常发生。很多时候厂长亲自下塘抓鱼,老板娘抱来木材烧烤,大家围坐在一起吃鱼聊天。逢年过节,他们会带着大家到酒店吃饭喝酒,在酒桌子上畅想未来。林老板夫妇善良随和,甚至像家人一样照料员工的生活……"

运用情感策略,把员工当成自己的亲人,林伟雄为企业留下了很多人才。他深知敛才才能聚财,所以必须想办法招纳人才。

可是,随着企业的发展,他慢慢认识到,依靠亲情化的管理,最终只能让员工们喜欢留在这里,认真做事踏实干活,却很难让所有人都思考、行动、创造起来。这样的话,企业始终走不了多远。

那么应该怎样做呢?通过学习,他大胆采用了无为而治的策略,那就是放权。

他自己任董事长,妻子任总经理,只抓大的决策。其余的,公司日常工作由副总经理签字决策,部门日常事务由部门主任说了算,就连每一个工位的管理也责任到人。他已经完完全全把权力放下去了。这样能行吗?

"放手让别人去干",说起来容易,做起来却并不容易。他管理企业已经习惯了,遇到事总想自己插手,实在管不住自己,他就和妻子结伴出国旅游。

有一次,出国一个月回来后,他发现企业居然运转良好,不仅实现了全员负责，而且调动了全员智慧。最妙的是，很多小问题小毛病都被消灭在萌芽状态。而他自己，再也不用扮演忙忙碌碌的"救火英雄"了。

企业运转一段时间后，林伟雄发现，责任到位了，利益却悬空了。很多员工努力地做了很多工作，收益却并不见长。

这个发现让他大吃一惊，他很快做了调整。他咨询各路专家后，宣布对企业进行股份制改造，实行"精英人才持股制度"。同时，对普通员工，他通过修员工宿舍、建工程师楼、探索更加合理的奖惩措施来消除他们的后顾之忧。

如此，员工们放心了。林伟雄也放心地把权力下放，自己做起了轻松自在的甩手掌柜。结果是，企业越来越壮大。

有专家曾发表过这样一份资料："管理者80%的工作都是可以授权的。比如日常事务性工作、具体业务工作、专业技术性工作、代表其身份出席的会议等。管理者本人只需做企业发展战略决策、重要工作目标下达、人事奖励与惩处和员工的晋升等工作就可以了。这类工作，只占工作总量的20%。"

这也就是说，一个忙忙碌碌不知道放权的管理者，他其实只需要把权力适当下放给下属，就可以很好地做好工作。剩余的时间他用来构思更大的战略，或者用来休息，都完全可以。

当然了，管理者采取无为而治的管理策略，并不容易。其中最重要的是，管理者要学会适当地择人放权。可以授权给什么样的员工，可以给他们怎样的权力，这些都需要慎重考虑。

但是作为管理者，我们必须要清楚，无为而治的的确确是管人用人的最妙的方法。

◎ 把权力授予信任的人

管理者要想轻松、高效地管理，需要懂得无为而治的用人之道。我们知道，所谓无为而治，就是充分、合理地授权给下属，有效地"解放"管理者。

很显然，管理者一旦从凡事都亲历亲为的状态中"解放"出来，就会有更多的时间来统筹全局，或者考虑更为重要的战略决策。如此，管理效率自然大大提升。

说到底，无为而治的重点在"授权"两个字上。问题来了：权能随便放吗？

事实上，很多管理者喜欢大权在握，不肯撒手，就是出于这一点考虑。他们会想：放权是不是就等于弃权了？如果把权力放给不合适的人，岂不是越管越乱，越来越糟？

出于这些考虑，把权力授给别人的时候，他们总会不放心，觉得别人不可能做得和他们一样好，或者惧怕下属滥用权力。于是，他们宁可自己累一点儿，也要把权力紧紧抓在手中。其实这种心理，是不信任下属。

作为管理者，我们首先要明白的是，授权并不等于弃权。这就如同放羊，牧羊人虽然解开了绳子，让羊群自由觅食，但还在控制着羊群。所以授权不是说一句"这件事交给你"就算完事，这需要管理者与被授权的下属之间密切合作，彼此态度诚恳，相互沟通了解。牧羊人解开羊的绳子后，他当然可以坐在一旁休息，但是羊也必须老实待在他的视线之内。一旦羊乱跑或者不听指挥，他还可以随时取消其自由觅食的资格。

因此，我们应该明白，授权绝不是弃权，只是扩大了被授权者的活动范围，权力最终还是掌握在管理者的手中。

当然了，管理者要合理授权，有一些权力是不能随便下放的，比如最终决策权、财政大权等。这些是一个企业或组织的命脉，管理者应当慎重对待。

我们已经说过，很多管理者不敢授权，是因为对下属缺乏信任。这种心理，显然并不太好。任人之道，要在不疑，宁可艰于择人，不可轻任而不信。一个善于用人的管理者，绝不会轻易怀疑下属，而是敢于将权力下放。

想想看，如果连最基本的信任都做不到，那还怎么用人呢？就算是迫于无奈放了权，也很难收到满意的效果。

所以，出色的管理者，都懂得如何授权，更懂得如何去信任下属。他们知道，管理者的信任和下属的业绩是成正比的，领导给下属多少信任，下属就还给领导多少业绩。投桃报李，在管理上依然适用，任何人都希望得到领导的高度信任，也愿意为领导的认可付出自己最大的努力。

同样，如果下属在得到权力之后，却感觉不到领导的信任，那么他的工作热情会随之下降，甚至还会出现消极怠工心理。

小宋原本在一家网络公司任市场部经理，因为同老板的经营理念不合，只得辞职走人。他的工作能力很强，很快就被另外一家网络公司相中，同样坐上了市场部经理的位置。巧的是，原公司同新公司是竞争非常激烈的对手。

从对手到一家人，这种变化让小宋有些不适应。不过，他很快就调整好了心态，开始努力工作。他谈客户、跑业务，早出晚归，废寝忘食，希望可以在这里开创出另外一片天地。可是，事情却并没有他想象的那么简单。

原来，问题出在新公司的市场部总监身上。新公司的老板为人不错，招聘小宋时对其才干极为欣赏，可是市场部总监王强却是一个生性多疑的人。他觉得公司和小宋的老东家竞争非常激烈，而且小宋在原公司职位也很高，这也就是说，小宋的跳槽并不简单，肯定另有目的。这种想法压在王强心里使他很不舒服，他开始细心留意小宋。这一观察，还真看出来点问题。

他发现，小宋为人处事非常精明圆滑，而且颇有雄心。于是，他便固执地认为，对方肯定不会满足那一点儿薪水，肯定会想办法捞钱。市场部经理的职位有很多油水可捞，比如吃回扣、报假账等。他就想从这些方面查查小宋的底。

这件事被财务经理老刘知道了，他劝王强："你呀，别折腾了，既然用人家了，就得相信人家，用人不疑。你现在查人家的账，让人家知道了多不好！"

可是，王强铁了心要查小宋的账。老刘无奈，只得知会会计协助调查。

查来查去，并没有发现什么问题，王强只得作罢。不过，他还是不太放心，在工作中处处提防小宋。

小宋很聪明，他敏感地感觉到了王强的疑心，心头开始有气。有一次他同会计吃饭时，会计酒后失言，说出了王强查账的事，这让小宋怒不可遏。

委屈加愤怒，让他丧失了理智，开始了疯狂的报复。他开始做假账、吃回扣，甚至私下抢王强的客户。最糟糕的是，他通过关系弄到了公司的核心机密，并将之卖给竞争对手，使公司损失惨重。

古人一直强调"用人不疑，疑人不用"，作为管理者，既然选择了把权力下放给下属，就要充分相信他们。虽然现代社会比较重视"防人之心不可无"，但如果总是疑心下属，结果必然适得其反。

就像前面的例子，如果王强能够充分信任小宋，小宋又怎么会报复？这样的例子，在职场中有很多，被怀疑的下属就算不像小宋一样报复，只是消极怠工，那么领导者也"伤不起"。

领导者只有信任下属，才能得到下属全力工作的回报。没有这个前提，一切都是空谈。

在职场里，我们经常能听到领导者和下属之间不和谐的故事。有的员工抱怨说："这样的工作环境，让我怎么工作啊？领导大事小事都要过问，眼睛就像粘在我身上一样，太不自在了！"有的员工感叹道："既然不信任，那为什么还要派给我这个任务呢？真没意思！"

这些报怨，我们看明白了吗？全是不信任惹的祸！无数事实证明，领导者的多疑，就像是下属心里的刺，会让他们浑身不自在，更遑论安心工作了。

所以，管理者在授权的时候，要信任自己的下属。信任的力量，是无限的！

张召下海创业时，雄心勃勃，决心要做一家让亲朋吃惊的大公司。可是，他的公司在挣扎了两年之后，由于入不敷出，还是不得不走上了倒闭之路。

在和几家有收购意向的公司谈判之后，他的心跌到了谷底——对方报价太低。可是没办法，写字楼交租金的日子一天天临近，他只好选择一家报价相对高些的公司，签了转让协议。

对方老板在签完字后，丢给他一张10万元的支票，说了声明天上午 10 点过来接收，就转身走了。

他捧着支票欲哭无泪，创办这家公司的时候，他投资了整整四十万元呀。现在这 10 万块钱，除去员工们的工资，就所剩无几了。

在他决定卖公司的时候，已经把大多数员工都打发走了，只有几个因为工资没有结算，还在耐心等待。他实在没有心情去银行取钱，便叫过一个还在公司里的员工小孙，让其去银行取钱。当他把支票递给小孙的时候，小孙明显愣了一下。只不过这个时候，精神恍惚的张召并没有发现这些。

很快，小孙就把钱取回来了。张召给大家发完工资，把他们一个个送走，一个人在办公室抽闷烟。看着待了两年多的办公室明天就要转手他人，他心里特别不是滋味。

一直待到下午，他收拾了一下东西准备回家，却发现小孙还在公司里。他问小孙在做什么，小孙说："要走了，我想把自己的办公桌整理一下。"

他也没有多问，只是随口吩咐小孙，走的时候把门锁好，人家明天要来点东西了。

出了公司，他找到一家小酒馆喝闷酒，最后喝多了，回到家倒头就睡。

第二天醒来的时候，他一看时间吓了一跳，都下午 1 点多了。他记得和人家约好，今天上午 10 点要交接的，这下可迟到了。他急忙穿好衣服，跑到了公司。

可到了公司之后，他却发现公司的大门开着，里面收拾得异常干净。他有些纳闷：这是怎么了？

正发呆的时候，小孙看到他了，立即兴奋地跑过来说："老板，我们有救了！那家公司的老总说让我们的公司成为他们的分公司，其他一切不变。还让你来做老板，他们只是投资！"

张召一听，更吃惊了："这怎么可能？签约的时候已经谈好了，他们没有理由变化这么快啊！"

小孙兴奋得满脸通红，认真地说："是真的！我正在做策划书呢！"

这个时候，对方公司的老总来了。他一看到张召，就兴奋地说："我收购的公司不计其数，可是没有一家像你们这样。你们在收到钱后还把公司打扫得一尘不染，包括电脑都清理得很干净，你们的素质让我太震惊了。我很佩服你的领导有方，所以临时决定让你继续经营这家公司。你留下来，年薪 50 万，怎么样？"

张召傻了！50 万元！公司办了两年了，总共也没有赚到五十万元啊！这样优厚的条件，他能不同意吗？直到对方走后，他才回过神来，问小孙是怎么回事。

小孙说："其实也没什么，我就是清理自己办公桌的时候，看到屋里太乱了，于是就把公司清扫了一遍。清扫完之后太晚了，我就没回去，在办公室睡了一夜，想着醒来后跟你道个别再走，结果没等来你，却等来了收购公司的老总。可能因为这个吧，他一进门就赞不绝口，问我这是谁打扫的，我就说是我们两个人。"

听罢，张召激动地握住小孙的手说："太谢谢你了，你帮了我一个大忙啊！"

小孙连忙说："我应该谢谢您，谢谢您的信任。我才来工作三个月，您就把 10 万元的支票放心地交给我。您这样信任我，我甘愿为您做任何事。我本来想的是最后把公司打扫一遍，体面地交给别人，没想到会发生这样的事情。其实，这是您帮助了自己啊！"

领导对下属的信任，会产生如此神奇的力量。如果一个公司里所有的员工都像小孙一样，竭尽全力地为公司做事，那么公司能不发展壮大吗？当然了，要想所有的员工都像小孙一样，就得领导者都像张召一样信任员工。

领导者的信任，才是赢得员工真心付出的关键因素。

那些手中握着权力的领导者，你们授权的时候，如此信任自己的下属了吗？

第五章
管理工作中的每一秒

"一寸光阴一寸金"，这句话对于企业的管理者来说真是再贴切不过。在那些大企业的掌控者那里，"一分钟几十万上下"可绝对不是一句笑话。因此，工作效率的高低便成了衡量管理者管理能力的重要指标。工作效率的每一点提升，都会让你的管理能力得到飞速的提高。

◎ 别拿时间不当钱花

商场如战场，那么，战场上最珍贵的是什么？是时间！战争中，如果一支部队能够早登上山头三分钟，便可以做好充足的准备，给后到的敌人以迎头痛击，而这是多少先进武器、多少钢铁意志都换不来的优势。

商场上更是如此，公司推出一项产品，早推出三个月和晚推出三个月的差别是十分明显的。早三个月，你便可能抢得先机获得市场领先地位，在竞争对手最少、利润最丰厚的时候赚得盆满钵溢；晚三个月，你便只能在看着别人吃肉的同时和无数的跟风者一起抢汤喝，而且利润空间还很有限，累死累活地拼上一年，赚的可能还不如人家头一个月多。

这便是时间所带来的差别。因此，说时间也是一种昂贵的成本，这并不为过。

其实这样的事情在我们的生活中随处可见，比如你要坐车去某地开会，便有这么几种选择：

1.等半小时公交车，然后花 1 块钱，再坐上 50 分钟的车到达目的地；

2. 等上一小时，等朋友开车过来免费送你到达目的地，这一过程又耗去半小时；

3. 自己打车，虽然花了30块钱，却只耗去你半小时。

第一种选择金钱成本是较少的，但时间成本是八十分钟；第二种选择金钱成本是最少的，但时间成本是最多的，一个半小时；第三种选择金钱成本是最高的，时间成本则是最低的，只要半个小时。比较一下这三种选择，尤其是第二种选择和第三种选择，虽然第三种选择多花了30元，却节省了一个小时。那么，作为管理者，你不妨考虑一下，你在一小时的时间里赚得回30元吗？

美国连锁商店大富豪克里奇，他的商店遍及美国50个州的数百座城市，他的资产多达上百亿美元。

有一次，他想去看一场电影，在购票处看到一块牌子上写着："下午5时以后入场半价收费。"

克里奇一看表是下午4时40分，于是他在入口处等了20分钟，到了下午5时才买票进场。

相反，比克里奇更有钱的比尔·盖茨却不会像他这么做，因为他知道自己的时间比那些小钱更有价值。曾有人调侃说，如果比尔·盖茨在工作时间掉了100美元，他甚至不会弯腰去捡，因为他每一秒钟都可以净赚250美元。如果把赚钱的时间从一天24小时压缩成8小时，那他在一秒钟内所赚到的钱还要多两倍，达到750美元。

因此，对于他来说，掉了100美元之后与其弯下腰去捡，不如马上转身走回办公室，开始工作。

如今，时间已经越来越宝贵，如果说，以分来计算时间的人比用小时来计算时间的人的价值多 59 倍的话，那么以秒来计算时间的人则比用分来计算时间的人又多 59 倍。

别拿时间不当钱，否则早晚会感受到时间给你带来的压力。

明白了这个道理，你就已经建立起最基本的时间成本的概念了。我们无时无刻都可以通过自己的努力节约时间成本。比如开会时，我们可以严格要求每位员工都要准时到达，以减少等待迟到者的时间消耗；比如把日常的工作列好时间表，这样就可以有效减少因为无序忙乱而浪费的时间。

为了能够更好地节省时间成本，沃尔玛的创始人山姆·沃尔顿建立了高科技通信系统。

山姆·沃尔顿在沃尔玛零售连锁商店中采用了先进的信息技术为其高效的分销系统提供保证。公司总部有一台高速电脑，随时监控着全美国 20 个发货中心及上千家商店的销售情况，通过商店付款柜台扫描器售出的每一件商品，都会自动记入这台高速电脑。当某一商品数量降低到一定程度时，商店的电脑在一秒钟内就会发出信号，向总部要求进货。

总部的高速电脑在接到信号后，会在几秒钟内调出货源档案提示负责发货的员工，让他们将货物送往距离商店最近的分销中心，再由分销中心的电脑安排发送时间和发送路线。这一高效的自动化控制系统使公司能够在第一时间全面掌握销售情况，合理调整进货结构，及时补充库存的不足，降低存货成本，大大减少了资金成本和库存费用。

山姆·沃尔顿还在沃尔玛建立了一套卫星交互式通信系统。凭借这套系统，沃尔顿能与所有商店的分销系统进行通信。如果有什么重要或紧急的事情需要与商店和分销系统的管理者进行交流，沃尔顿就会打开卫星传输设备，这套卫星交互式通信系统会在最短的时间内把消息送到相应的人那里。

这套看似无关紧要的系统花掉了沃尔顿 7 亿美元，是世界上最大的民用数据库。但沃尔顿认为花费巨资建立这套卫星系统是完全值得的，他说："它节约了时间，提高了整个公司的运转效率，而且它每分钟都在为我赚钱。"

对此，美国早期杰出的政治家与科学家富兰克林有一段生动的表述："记住，时间就是金钱。假如说，一个每天能挣 10 个先令的人玩了半天，花掉了 6 个先令，那么他所损失的绝不仅仅是 6 个先令，还应当包括他本可以挣得的 5 个先令。记住，金钱就其本性来说，绝不是不能生值的。钱能生钱，而且它的子孙还会有更多的子孙。谁杀死一头可以下崽的母猪，就等于消灭了它的子孙万代。也就是说，那个玩了半天，看起来只损失了 11 先令的人其实损失的是那 11 先令所能产生的一切，也就是说，他毁掉了一座英镑之山。"

这种说法虽然不无调侃，却十分明确地指出了时间的宝贵。"一寸光阴一寸金"，我们虽然不是比尔·盖茨，不会连捡钱都要亏本，但我们的时间也是有一定价值的。当我们在办公室里坐着发呆时，当我们闲着到处乱逛时，当我们浏览着网络上的八卦新闻时，时间都在不停地从身边流走。而我们所损失的不仅仅是时间，更是自己的前途、事业和生命。

◎ 为自己的时间请一个管家

古往今来，时间一直是人类较为重视的一个东西。纵观历史，我们会发现，无论是诗人、学者，还是哲学家、思想家，抑或企业家、普通群众，都在关注着时间，只不过他们对时间的态度不同而已。

确实如此！有人会为时光的流逝而感叹懊恼，有人却会因此愈加珍惜时间。无论我们对于时间的态度如何，时间对于我们每一个人的态度都是一样的，公平而公正。它从来不会因为一个人的休息，从而停止前进的脚步。对于任何人来说，时间都永不停息，它一直在一分一秒地向前奔跑。

愚者放任时间流逝，智者抓住时间并且善用时间。对于一名管理者来说，要想更有效率地工作，就一定要让自己成为时间的管理者，科学合理地安排自己的时间。如果把每一秒钟的时间都比作一粒珍珠，那么我们就拥有数不尽的财富。这么多的财富在我们手中，如果不能够很好地管理，就会造成财富的浪费。所以，我们需要为自己的时间请一个管家，让他来代替我们打理这些财富。

谁会是我们时间的管家？当然还是我们自己。我们是自己时间的主人，可以站在主导者的角度，合理、合适地分配和使用自己的时间。合理、合适地分配和使用自己的时间，其实就是在很好地管理时间。不信？我们来看看。

现代社会的人很忙，尤其是城市里的人，生活更是忙忙碌碌。于是，我们便经常听到有人抱怨："真是忙死了！都没时间来做某某事！"他们确实很忙，工作上的事、家里的事、朋友间的事，所有的事情凑在一起，像一堆乱麻，弄得他们焦虑不安，于是他们忙得似乎没有了休息的时间。但是，忙来忙去他们发现，那些乱七八糟的事情，依然是乱七八糟的，根本就没有得到解决。甚至，很多重要的事情，他们还没有来得及去做。在这种情形下，他们更认为自己时间太少了，于是更加拼命。但是，这好像走进了一个怪圈：他们忙来忙去，还是有很多事情没做，为了做这些事情，他们更忙了。他们真的有这么忙？事情真的有这么多？时间真的这么少？当然不是！又忙又乱的主要原因，是他们没有很好地对时间进行管理。

我们为什么不把那些乱七八糟的事情梳理一下，合理地安排时间呢？比如，完成某一项任务需要花费多少时间？之前花费的那些时间里，是不是有一部分浪费在无谓的聊天上？工作的某一环节是否根本就不需要花费那么多的时间？这么一梳理，我们就会发现，其实很多事情都是不必要去做的，但是我们却在这上面浪费了过多的时间。

认清这些之后，我们就可以管理时间了：做某一件事情需要花费多少时间，做另外一件事情需要花费多少时间，或者是那件事情根本不需要花费时间来做。我们把这些问题搞得清清楚楚之后，就会发现，时间忽然多了起来，好像没有那么忙了。其实我们还是做着同样的工作，只不过，时间在我们的手中变得更加合理起来。

李浩是某公司的中层技术管理人员。刚开始到公司上班时，他总是感觉时间不够用，而且工作效率也不高。其实不只是他自己这样感觉，领导也发觉他的工作效率不高，就把他叫到办公室里谈了几次话。他挺冤枉：自己每天都很忙啊！可是为什么工作效率提不上去呢？难道是自己的工作能力差？

有一次和朋友聊天，朋友谈到了时间管理。他忽然想到，自己好像从来没有管理过自己的时间。于是，他找了一个周末，对自己过往的工作做了一个总结。通过回忆，他把自己近期的工作记录下来，包括工作的内容和所花费的时间。结果，他发现自己有一个致命的缺点，那就是每天的工作漫无目的。公司里的工作很多，他的习惯是随手抓起一项便埋头苦干。有的时候，他甚至会被一些无关紧要的工作浪费大量的时间。所以，他很忙，工作效率却不高，连带着工作业绩也不好。

更糟糕的是，他是一个小团队的管理者，他的行为直接影响了整个团队。于是，整个团队也处于一种时间管理混乱的状态。

弄清楚了这些，他开始对症下药，为自己和团队制订整体的工作计划，进行时间管理。他列了一个工作计划，里面注明了每天最重要的工作，并预定了工作的完成时间，争取每一项工作都能按时完成。对于那些不太紧要的工作，他也列了出来，注明当时间充裕时可以选择进行。

慢慢地，他和他的小团队的工作效率上去了，业绩渐佳。

李浩能够走出工作的窘境，是因为他找到了时间管家，那就是他为工作制订的一个时间计划。通过对时间的有效管理，他能够合理地、有效率地进行工作，业绩自然好起来了。

作为一名优秀的管理者，我们必须学会管理自己的时间，管理团队的时间。想想看，如果整个团队的时间乱成一团，那么如何能够有效工作？这几乎是不可能的事情。所以，我们要为自己的时间请一个管家，将那些四处游荡的时间，像整理书架一样好好整理一番，想在什么时间段里做什么，一目了然。

为自己的时间请一个管家吧！我们自己，就是管理自己时间的最好的管家。如果能够做好这个管家，那就说明我们已经成为时间的掌控者，可以完美而有效地利用时间。如果是这样，我们将能够做成任何事情。

对于如何有效地利用时间，我们提出以下几点建议：

第一，制订工作计划。

时间对于任何人都是相同的，我们谁也无法获得比别人更多的时间。因此，我们要想获得比别人更多的东西，唯一的办法是充分利用属于自己的时间。会不会利用时间，关键在于会不会制订合理完善的工作计划。对于这一环节，实际工作中很多人是缺失的。为什么？很简单，有些人虽然制订了工作计划，却只是把制订计划也当成一个工作任务去完成，并不是为了让计划有效地指导工作。因此，这样制订出来的计划很有可能是没有经过仔细思考而缺乏实际指导意义的。

第二，分清事情的轻重缓急。

很多人都习惯从文件堆最上面的一件开始做，结果很可能使堆在下面的旧文件长时间得不到处理了。很多事情，如果及时处理就能够很快完成，而被搁置得越久，就越难处理。不要想着下次再做，因为下次解决可能需要更久的时间，或者使事情成为难以解决甚至无法解决的问题。要避免这种错误，可以利用每天下班前或上班前的一点儿时间，先看看那些堆在案上的东西，花点时间浏览和归类，然后按照轻重缓急依次排好顺序再去处理。

第三，有效分派工作。

对于管理者来说，一定要避免事必躬亲。如果凡事都要亲自处理，那么一定会被累死，而且还不利于下属的成长。所以，管理者一定要学会分派任务的本领，就是学会把任务合理分派给合适的人去做。这其实也是一种合理利用时间的方式。

第四，尽量避免干扰。

美国两家著名的管理顾问机构——管理工程师联合顾问所与史玫特顾问公司曾经就"管理者为什么都觉得时间不够用"这个问题做了

一个调查，经调查发现，企业经营者之所以感觉时间不够，主要就是因为浪费了太多的时间在三个方面：打电话、开会、处理信件。这些，我们完全可以避免。

◎ 用 80% 的时间做 20% 的事

任何一个人的时间都是有限的，要想在有限的生命中尽可能地多做事，时间管理的能力是必不可少的。只有善于掌控时间，才能摆脱忙碌紧张的状态，使工作高效而有序，这就是卓有成效的时间管理艺术。

事实上，所谓的时间管理，就是用尽可能少的时间做尽可能多的事。如果你肯花点心思来仔细琢磨一下这句话，你就会惊奇地发现，原来，时间管理就是提高效率。

管理学认为，提高工作效率最有效的方法是遵循"二八法则"。"二八法则"是意大利经济学家帕累托所提出的，即社会上 20% 的人占有 80% 的财富，因此构成了一种不平衡关系。应用于管理学上就是要把 80% 的时间花在能出关键效益的 20% 的工作上，这是高效工作的必备法则，掌握这个法则，工作效率就会大大提高。

伯利恒钢铁公司总裁名叫查尔斯·施瓦布，作为公司最高级别的管理者，他总是为自己和公司的低效率而感到担忧。他掌管着一个拥有十几万员工的大型跨国公司，每天各种事情的文件就像雪片一样堆到他的案头，对于这些工作，他越来越感到力不从心。于是，他决定不惜重金去找效率专家艾维·李寻求帮助，希望艾维·李可以教给他一套在单位时间内完成更多工作的方法。

艾维·李不愧是效率专家，他对施瓦布说："我 10 分钟就可以教你一套至少可以把工作效率提高 50％的最佳方法。这套方法你愿意试多久就试多久，然后给我寄张支票，并填上你认为合适的数字就可以了。"

艾维·李接着说："你今晚需要做的事情是把你明天必须要做的最重要的工作记下来，按重要程度编上号码，最重要的排在首位，以此类推。明天早上一上班，马上从第一项工作做起，一直做到完成为止，这项工作没做完，你绝不可以碰其他的工作。然后你再用同样的方法对待第二项工作、第三项工作……直到你下班为止。即使你花了一整天的时间才完成第一项工作，也没关系，只要你能保证它是最重要的工作就可以了。这个方法需要坚持不懈，你需要每天都这样做，把它变成你做事情的习惯。如果你觉得你的工作效率确实得到了提高，并且对这种方法的价值深信不疑，你还可以教你公司里的员工也都这么做。"

一周之后，施瓦布填了一张 25000 美元的支票寄给了艾维·李，因为他用一周的时间做了原来两周才能做完的工作。施瓦布常对他的朋友们说："艾维·李让我学会了如何才能提高工作效率，让我和整个团队坚持最重要的事情先做。我认为付给艾维·李的这 25000 美元是我经营这家公司以来最有价值的一笔投资！"

施瓦布的事例告诉我们，"先做最重要的事"的二八法则对提升工作效率有着异常显著的作用。对管理者来说，不要把时间浪费在无足轻重的事情上，要把时间留给那些最重要的事情。因此，在面对任务时，管理者所要做的是快速分辨任务的轻重缓急，并按照顺序依次处理。

那么，管理者应该如何正确运用"二八法则"呢？

在这里，我们提供一种时间管理 ABC 法。所谓时间管理 ABC 法，是以工作的重要程度为依据，将待办工作按照轻重缓急划分为 A、B、C 三个等级，然后再根据等级来决定工作开展的先后顺序。

一般来说，A 级工作是与工作目标相关的关键工作，如重要文件的签订、处理下属间的矛盾、大客户的约见等。那些需要处理但又不要求立刻完成的，诸如下属间的例会、售后服务，为中等价值的 B 级工作。至于那些不必要的应酬、关系不大的会议和一般性质的信件、和下属聊天等对工作目标影响不大的工作，我们就将其划为 C 级。

总体来说，ABC 三级工作的时间分配是这样的：

A 级工作是必须在短期内完成的，需要立刻行动起来。A 级工作完成后，再去做 B 级工作。如果时间紧张，可以适当地推迟 B 级工作，也可以考虑授权给下属处理。对于 C 级工作，无论管理者是否有兴趣，都要尽量减少花在上面的时间，这些工作大都可以安排下属去做。

这种 ABC 时间管理法虽然看起来麻烦，却是十分有效的，它能够帮助管理者避免被工作牵着鼻子走，是提高工作效率的有力手段。

管理顾问詹森就是一个 ABC 时间管理法的成功实践者，我们来看看他是如何做的。

詹森并不是工作狂，他逍遥自在，却业绩斐然。

詹森的手上从未同时有三件以上的急事，通常一次只有一件，其他的则暂时放在一旁，而且他会把大部分时间拿来思索那些最具价值的工作，比如公司的总体发展规划、年度工作任务、行业发展前景等。

詹森只参加重要的会议，走访一些重要的顾客，然后，把所有精力拿来思考如何实现与重要客户的交易，以及公司如何能够获得最大利益。

詹森时常观察公司谁是某项工作最合适的执行者，对象确定后，他会将该下属叫到办公室，解释他对这个人的要求，让他放手去做，自己所要做的只是盯一盯工作的进度。

詹森的事例告诉我们，优秀的管理者总是善于抓住工作中重要的问题优先解决，对于其他不重要的事情则会放置一边或者安排下属去做。

任何一个人的时间都是有限的，管理者要学会把 80% 的时间花在最能出关键效益的 20% 的工作上，这是提高自己的时间管理能力和工作效率的必备法则，只有掌握了这个法则，才能提高自己的工作效率，成为高效工作的受益者。永远要记得，不管事情有多么多，任务有多么重，都要先理清工作顺序，从最重要的工作开始做起。

◎ 别被完美拖了后腿

有些人之所以工作效率低下，是因为受到了完美主义心理的拖累。在心理学中，完美主义是一种人格特质，也就是在个性中具有凡事都追求尽善尽美的倾向。以下是其主要心理特征，看看你符合几条？

要求严格，做事追求尽善尽美；

对自身期许过高，不能宽容自己的失误；

不敢冒险，不能尝试新的东西，行事谨慎，力图成功；

对下属有极高的要求，常常要求下属更快更好地完成工作；

希望一切都掌控在自己手中，如果有偏差，会非常失落；

……

　　具有完美主义倾向的人往往做事认真、责任心强、勇于承担责任，这是值得称颂的。然而，并不是所有的工作都能够顺利完成，难免会遇到一些挫折，这个时候，他们就会怀疑自己的能力，从而影响工作的进度。

　　所以，追求完美并不是坏事，但如果在追求完美的过程中白白浪费了太多的时间和精力，那么追求完美的心理就会带来负面影响，成为束缚你能力、阻碍你成就的"敌人"。

　　我们来看一个非常经典的故事。

　　一个贫穷的渔夫出海打鱼，在捞上来的蚌壳里面，他很幸运地发现了一颗珍珠。这颗珍珠在阳光下光彩夺目。正在他爱不释手地欣赏时，突然发现：珍珠上有一个芝麻粒大的小黑点。渔夫心想，如果能把这个小黑点去掉的话，这颗珍珠就完美了，就更值钱了，以后我就再也不用出海打鱼过苦日子了。于是，他开始打磨这颗珍珠，但很快他发现珍珠不断变小，小黑点却没消失。于是，他继续打磨，最后，黑点终于没有了，但珍珠也不复存在了。

　　渔夫追求完美的代价是整颗珍珠的不复存在。而在工作中，管理者过分追求完美，所付出的代价是自己和下属的时间、精力以及公司的运营成本。

　　所以，不要在一些不必要的问题上花费太多的心思以追求所谓的完美。作为管理者，你的任务就是为公司创造效益，而创造效益就需要较快地完成任务，节省公司的运营成本。

　　比如，在某一段时间里，你将所有的时间和精力放在了一个单子上，但是一个单子做得再完美，它也不会变成两个，只有想方设法签到更多的单子，工作效率才能提高，工作业绩才能上得去。

打一个形象的比喻：这就像跨栏比赛一样，最好的跨栏选手不会花费太多精力在具体细节上，比如跨栏姿势是否完美，而是追求如何在很短的时间内跨过更多的栅栏，如此才能取得好成绩。

既然已经知道了完美主义对工作效率的消极影响，那么在接下来的工作中我们应该怎样做呢？

管理者要抛弃完美主义的思维方式，不要事事都追求完美，而是要以实际需要为目标。另外，我们对自己的期望也要略微降低一点儿，这样就不用承担追求完美所带来的精神压力和挫败感了。

世界顶尖高尔夫球手博比·琼斯是第一个赢得高尔夫"大满贯"的人，他被称为美国高尔夫史上最优秀的选手。

在高尔夫球员生涯的早期，博比·琼斯总是力求每一次挥杆都完美无缺。当他做不到时，他就会打断球杆，破口大骂，甚至愤慨地离开球场。这种脾气使得很多球员不愿意和他一起打球，而他的球技也没有得到多少提高。

后来，博比·琼斯渐渐认识到，打坏了一杆并不要紧，但是你必须尽力去打好下一杆。学会调整心态后，他才真正开始赢球。对此，他这样解释：要对每一杆有合理的期望，力求表现稳定，而不是寄望于非常完美的挥杆。

由此可见，过分追求完美只会给你带来挫败感和压力，而这会影响你正常能力的发挥，因而管理者要像博比·琼斯一样，尽自己所能把眼下的事情做好，而不是必须把每件事情都做到最好。比如，客户希望你给他一个计划书，那么你就给客户提供他真正想要的东西就行了，不必纠结这份计划书中的那些不完美之处，如排版不好看、字数太少等。

管理者每天要处理很多任务，如果每个任务都追求完美，就会被完美拖住后腿，无法按时完成任务，不能完成任务，就不能为公司带来效益。事实上，管理者的首要目的是节省公司成本，为公司创造更多的效益，因此，我们又何必纠结于是否完美呢？

与其求最好，不如求更好。这样才不会被完美拖住后腿，这样才能在管理岗位上做出更多的贡献。

◎ 把时间集零为整

我国著名数学家华罗庚曾说："时间是由分秒积成的，善于利用零星时间的人，才会做出更大的成绩来。"这句话昭示了一个深刻的道理，零星的时间依然可贵。

有些人不服气，认为那些零星的时间，其实什么也做不了。真的是什么也做不了吗？现在，我们来找出一些零星的时间，看看能不能做成什么事。举个例子：几乎每个人每天都会上厕所，可能还会在厕所里蹲上一会儿。这点时间，算是空闲时间吧！绝大多数人都不会去利用这点时间。假如有个人利用这一点儿时间学习英语的话，那么他可以记单词。这一点儿时间若按 10 分钟记算，记 5 个单词没问题吧？那么我们算一算，他一年里，用这 10 分钟能够记多少单词？1800 多个！常用单词一共也就 40000 到 60000 个，这也就是说，如果从小学起开始利用上厕所这 10 分钟学习英语，那么到大学毕业时，他差不多已经学会了所有的常用单词。我们还能说，这一点儿时间用处不大吗？零星的时间用处很大，关键是看我们怎样去用。

在企业管理中，优秀的管理者往往能够灵活运用平时零散的时间，他们能够把这些零碎时间整合起来，加以有效利用。千万不要小看那些看似无用的零碎时间，滴水可成海，聚沙可成塔，当零星的时间聚集起来的时候，就非常可观了。

在美洲森林里或者沼泽地里，有一种很有意思的动物，叫作食蚁兽。这种动物个头不小，可长到20公斤，却以食蚁类生存。以蚂蚁的个头，能让食蚁兽吃饱肚子吗？一只不行，可是成千上万只蚂蚁就行了。时间也是如此，把零碎的时间集中起来，我们就可以做很多事。

对于一个管理者来说，如果能够将工作中那些零碎的时间善加利用，那么不仅能够提高自己的工作效率，还可以提高整个团队的工作效率。

刚参加工作的时候，小古浪费了很多时间。上班时，他的工作和思路，总是被别人莫名其妙地打断。有时候在公司耗上半天，几乎做不了什么像样的事情。好不容易没人打搅的时候，却又快下班了，他觉得那十几分钟、20分钟，能做什么呢？晚上回到宿舍，想找个整块儿的时间来继续做，可是宿舍太吵，总是人来人往，根本无法集中精神。于是，他的工作便浑浑噩噩，他的时间被分割成了很多小块。他也很想学点东西，却只能感叹时间不够。

有一天晚上，宿舍里依然很燥热，很嘈杂。他什么也做不了，也不想做，便只好窝在床上翻看一本文摘。无意间他翻到了一篇文章，是一位美国人写的。那个美国人说，他一年四季很忙，到处出差，做演讲，做咨询，做项目，在全球各地飞来飞去。可是，他却每年都能出两到三本书。他这么忙碌，为什么还有时间写书呢？原因是，他利用了所有的琐碎时间，在吃饭后，等车的半个小时，在机场候机的四十分钟。还有，工作后，在休息的十几分钟里，他也能够写上几笔。有时候，时间意外地多起来，他可以写上千字。虽然少的时候只能写上一两句话，但加起来，就很可观了。最后那个人说："零碎的时间是珍珠，它们散落在各个角落里，只有将它们串起来，才会熠熠生辉，产生价值。"

小古心中一动：自己利用琐碎的时间了吗？他决心学习那个美国人，把零碎的时间当珍珠，去好好对待它们。

从此以后，他开始训练自己，充分利用各种零碎的时间。比如，开会的时候，有人会晚到几分钟，他就会趁这个时间，在会议室里，将心中构思的方案写上几笔。再比如，晨会前的十几分钟，吃过了早餐，他一般不在外面晃荡，而是先到座位上，把当天的工作重点列一列。还有，下班前的十几分钟，没事了，他会把昨天的资料拿过来，看上一些，思考一下那些资料还有没有价值。这样做了一段时间，他忽然觉得，自己的时间多了起来，可以学到很多东西。

后来，他升了职，成为主管，管理着一个小小的团队。不过，他利用琐碎时间的习惯保留了下来。早上上班的时候，他会在员工们吃早餐聊天的时候，思考一天的任务；他还会利用开会前的那点空闲时间思考工作安排；他甚至还会在员工们嘈杂的胡侃中写工作总结，而且不被外界所影响。

他以前害怕做领导，认为领导太忙，会把自己的时间全都挤没有了。但是现在他发现，利用起那些零碎的时间后，领导的工作似乎也并不是那么忙。而且，他还可以在嘈杂的宿舍里，写一些小文章，重温自己的文学梦。虽然宿舍里依然有人打牌吵闹，却根本影响不了他。

他对于零碎时间的利用，越来越重视。后来他发现，早上是一天中最安静、最少人打扰，人的头脑又相对比较清醒的时候。他认为这段时间不应该用于睡懒觉。于是，他把起床的时间调早了一个小时，专门用于学习。

现在，他的能力越来越强，管理工作越做越好，上司又打算给他升职。他对公司里那些新来的员工说："利用好自己的零碎时间，你们将会有很多时间。"

人的一生有两个最大的财富：才华和时间。随着年龄的增长，才华越来越多，时间却越来越少，我们的一生可以说是用时间来换取才华。如果一天天过去了，我们的时间少了，而才华却没有增加，能力没有提高，那就是虚度了时光。所以，我们必须学习把时间集零为整，以此增加自己的时间。时间当然不能真的增加，但在有限的时间里，我们却可以学到更多的东西，做更多的事情。

不要小看任何零碎的时间，有人说，用分来计算时间的人，比用小时来计算时间的人时间多 59 倍。那么，我们用秒来计算时间呢？有效地利用零碎的每一秒钟时间，我们的管理将更高效。

第六章
高效执行与良好沟通

　　没有任何一个优秀的管理者敢于忽视执行力的重
要性，因为执行力是实干型企业与空谈型企业之间最
大的差距，而沟通，则是提高执行力最有效的方法。
将执行与沟通重视起来，企业便可以彻底摆脱人浮于
事的窘境。

◎ 知行合一，拒绝空谈

哲学家王阳明曾提出过"知行合一"的理念，这种理念不同于一般的认识和实践的关系。"知"指的是人的道德和思想理念，而"行"主要是指人的道德实践和实际行动。实际上，它也可以用在企业管理当中。知行合一可以校正偏执的思想、目标，从而提高执行力。

举例来说，很多管理者给企业定下了很高的目标，但是在目标转换成具体步骤之后，能够按照预期施行的企业却少之又少。之所以会出现这样的问题，有很大一部分原因是在执行和目标之间没能找到契合点。目标不切实际，那么在执行的时候自然困难重重，无法继续进行，最终自然实现不了目标。

换言之，就是管理者给企业制定的战略、目标不符合实际，难以实现。

其实，管理者不断地制定高目标无可厚非，这也是为了团队的进步，只是很多管理者忘了，目标和执行实际上是一体的，如果没有执行的支持，目标再高也不过是一纸空谈，没有任何实现的可能。

要想完成目标，管理者就要学会将大目标分解成具体步骤，如此一来，就便于施行了。这也是知行合一的一部分。

在 IBM 里，曾经有一位很有前途的低层管理人员，他在进行一项投资的时候，使公司损失了 1000 多万美元，这给 IBM 带来了重创。

当 IBM 创始人沃森先生将这位管理人员叫到自己办公室的时候，这位年轻人胆战心惊，沃森还没有开口，他便率先说道："您是希望我辞职，对吗？"沃森摇了摇头，让他坐下，然后说："你不需要紧张，这次亏损的 1000 万美元只是替你交的学费而已，对我而言再没有其他的意义了。"

上面的这个故事体现了"知"与"行"之间的关系。沃森通过这件事发现了企业最重要的并非战略、决策，而是执行力，执行力与战略决策之间有着不可分割的联系。

爱依斯公司的合伙创办人兼行政总裁丹尼斯·巴克用自己的亲身实践证明了执行力的重要性。在 1997 年的时候，这位总裁只为企业做过一次决策。当然，这并非是他故弄玄虚，或者是在开玩笑，而是他深知自己不必去了解每一件事，或者一一去决策，他看重的是应该如何执行决策，让员工们按照决策行动。

事实上，所有的成功都来自执行，只有执行才能改变企业的命运。在制定战略的时候，管理者要让员工明白它存在的意义是什么，战略决策一旦确定就应当施行。企业做出决策和战略，并不是为了"喊"，而是为了实践、执行。而此时的执行力和企业文化密切相关。

在清华大学总裁新领导力课堂上，一位企业的总裁在小组讨论中提到：公司的企业文化和制度，在他看来是非常重要的。因此，他在制度和文化上都下足了功夫，本来以为可以更好地调动员工们的积极性，却发现并没有得到预期的结果，甚至可以说效果很差。

明明从物质到精神，方方面面，该照顾的都照顾到了，为什么到了执行的环节仍旧会出现问题呢？

其实，现在很多企业都会遇到"知而不行"或"知行分离"的问题，简单来说，就是"道理谁都明白，就是没人去做"。显然，问题出现在执行的环节。

知道容易，做到难。明白道理是一回事，执行起来又是另外一回事。企业光制定战略决策是不行的，关键在于执行。

该企业总裁指出，很多企业都开始重视企业内部员工素质和技术水平的培训。培训本身是个很好的东西，但可惜的是，只有一小部分企业在培训后去实践，大部分企业的培训最终都变成了纯理论性的教育。这样非常不利于员工执行力的培养。

其实，企业的管理者应该像体育教练一样。体育教练通常都会向队员传达一种信念和梦想，激发出队员的潜能，同时，也鼓励队员通过训练成就梦想，让他们在执行中将梦想变为现实。体育界运用这种模式成就了一个又一个的金牌梦。

企业在管理过程中，就可以借鉴体育教练的方法，将员工看成运动员，通过向员工灌输企业战略和目标，并督促员工去执行，最终实现企业的进步。

2004年，中国女排20年后重新夺回奥运冠军，这对中国女排来说是一种荣耀。在决赛中中国女排输掉了最初的两局，其内心承受的压力可想而知，"一定要赢"成了她们的信念，于是女排队员们燃起高昂的斗志，团结一致，最终获得了胜利。

由此可见，目标、愿景、策略和执行力之间是相辅相成，缺一不可的。在企业管理中，管理者要经常灌输企业文化和企业愿景，同时也要经常督促员工们去执行，否则再高的目标也只能流产。要记住，企业文化和愿景要输送到每个员工的脑袋中，要让他们在实践中执行，不能游离在实践之外。

知道还要做到，这才是管理的最高境界。做企业就是这样，要有目标，要有战略，而后还要去执行。只有将目标策略和执行力相结合，企业才能有光明的未来。

◎ 执行力就是战斗力

一个团队的战斗力如何，关键看团队的执行力。所谓执行力，就是贯彻落实团队意图，完成预定目标的操作能力。简单地说，就是落实，就是将目标变成现实。

在《把信送给加西亚》一书中，罗文接受给加西亚送信的任务后，一心盯着目标，冒着生命危险，克服重重困难，完成了一件不可能完成的任务，最终把信送给了加西亚。这就是强大的执行力。

执行力关系到目标能否实现，涉及整个团队的切身利益，代表着一种永不放弃的执着精神，也是一种坚决执行命令，再苦再累再难都在所不惜的行动风格。对于团队而言，执行力就是要求团队里的每一名成员相信坚持就是胜利，朝着目标不打折扣地行动起来。

执行力对团队的重要性，首先体现在军队中。无论是我国古代军事家孙武的《孙子兵法》，还是近代英国工程师兰彻斯特提出的关于军事战略的微分方程组（兰彻斯特方程），都体现了对卓越执行力的追求和推崇。

在军队中，卓越和高效的执行力就是士兵在战场上摆脱战败和死亡的最好的武器，是赢得战争的关键。

公元前 480 年，波斯国王薛西斯一世统率 50 万大军、战舰千余艘，大举进攻希腊，一路南下逼近德摩比利隘口（温泉关）。不可一世的薛西斯一世向希腊各城邦发出劝降书，希望一些小城邦不战自降，这其中包括斯巴达城。

希腊人并不想就此投降，为了抵御强敌，勇猛的斯巴达国王列奥尼达亲率由各处集结而来的希腊联军约 7000 人，率先赶到温泉关，扼守地势险要的关隘。此时，经过长期战斗的波斯军队消耗甚大，一时无法在两天内发起强烈的攻势。

两天后，狡猾的薛西斯一世派遣一支精锐部队偷袭了温泉关，希腊守军被打得措手不及，很快就被击溃。

在敌我兵力悬殊、腹背受敌的情况下，为保存实力，斯巴达国王列奥尼达命令希腊联军的主力迅速撤退，以保存实力，自己亲率约 300 名斯巴达勇士殿后，这就是历史上有名的斯巴达 300 勇士。

面对潮水般涌来的波斯大军，300 名斯巴达勇士奋勇迎战。他们用长矛猛刺，长矛折断了，又拔出佩剑劈砍，佩剑断了，就冲上去用拳头和牙齿同敌人肉搏。整个战场血流成河，尸横遍野，惨不忍睹。苦战中，遍体鳞伤的斯巴达国王列奥尼达最终倒了下去，斯巴达战士也所剩无几。他们逐渐被压缩到一个小山丘上，尽管早已精疲力竭，但没有一个人放下武器投降。

　　杀红了眼的波斯人将残余的斯巴达勇士死死围住，将标枪雨点般地投向他们，直到最后一个斯巴达勇士倒下。不过，他们也让波斯军队在攻破温泉关一战中付出了死伤两万人的惨痛代价。

　　对于波斯国王薛西斯一世来说，这一役无疑是一场噩梦。一想到血战到底、宁死不屈的斯巴达勇士，他就心惊肉跳地问手下的人："斯巴达人是不是都是这样的？"

　　诚然，斯巴达国王列奥尼达亲率的300名勇士是经过精挑细选的，作战勇猛，可以以一当百，慷慨赴死。但是，有没有另外一种力量起着更为直接的作用呢？对荣誉和忠诚的信仰，使300名斯巴达勇士拥有波斯军队难以望其项背的执行力。即使明知此役就是赴死，这些勇士也毫不犹豫，这种卓越的军人执行力直接转换成战斗力，最终以一当百。

　　这种"有令必行"的强大执行力，可以间接改变战斗的结果。那么这种执行力从何而来呢？它来自军人高度的责任感、坚强的意志和信念，来自日复一日、年复一年的艰苦训练，来自森严的纪律，来自有效的沟通方式，来自荣誉至上的奖惩机制。

　　正因为军队执行力的强大，当今很多管理者都将这种强有力的武器用于团队的管理之中。正如《细节决定成败》一书的作者、管理学专家汪中求先生在其著作中所写的一样："中国绝不缺少雄韬伟略的战略家，缺少的是精益求精的执行者；绝不缺少各类规章管理制度，缺少的是对规章制度不折不扣的执行。"

　　作为一名管理者，不仅要善于规划蓝图，还要有去实现目标的内驱力，缺乏执行力，无论什么战略，最终都只能是一张图。

　　企业管理者具有特殊的身份，不仅是一个个体，还要兼顾整个团队。他一方面要提高自身的执行力，另一方面还要提升团队的执行力。

对管理者个人而言，执行力是个人进步的内驱力，提高执行力是每个管理者自身成长的需要。不能做一个高高在上的空想家，任何工作目标都不是喊喊口号、画画蓝图就能实现的，管理者需要带头行动起来，做一名执行者、实干家。

对于企业而言，执行力就是市场竞争力，面对残酷的市场竞争，管理者必须以执行力提升团队的竞争力。三分决策，七分执行。没有执行力就缺乏战斗力，就无法参与市场竞争。企业的某个重大决策执行有力，就能快人一步，抢占市场先机，否则就会错失良机，丧失先发优势。

此外，强大的执行力还能激发团队的创造力和增强团队的凝聚力。执行不是一句空话，必须有一种敢闯、敢试的精神，这种精神往往会突破思维定式，不为条条框框所束缚，不为外界议论所左右，是工作创新必不可少的要素。执行不是各干各的，需要上下一条心，拧成一股绳，这样才能把整个团队的力量凝聚在一起。

因此，一名优秀的管理者不仅是一名卓越的执行者，还要打造一支具有执行力的团队。当整个团队按照既定的目标，集中力量朝着一个方向努力，形成强大的合力，还有什么困难战胜不了呢？

◎ 立即执行，杜绝拖延

执行力很重要，很多管理者都明白这个道理，也在强调这个问题，可在实际工作中却总是习惯于往后拖延，总愿意在行动之前先让自己享受一下最后的安逸。这么一耽搁，只怕会形成惰性，直到将一切拖成明日黄花。

事实就是，拖延让执行力无影无踪，是行动失败最主要的原因。

你有拖延的习惯吗？好好想一想：你将闹钟设定在早晨6点，闹钟响时，你还想睡，于是多睡了会，结果迟到了；今天你要给某个重要的客户打电话，你想等手头上的事忙完后再打，等手头上的工作结束后，你却把打电话的事忘记了；下星期公司需要一份投标书，还有几天的时间可以制作，你认为时间绰绰有余，结果一转眼就拖到了规定的时间，你的团队忙得手忙脚乱……

事实就是这样：拖延无处不在。当你拖过了今天就会拖明天，久而久之，就养成了拖延的坏习惯，所有的工作到了你那里，都会慢半拍，这种工作状况又有什么效率可言呢，执行力更是被抛之脑后。在拖延中，所有的美好愿望和目标都会变成幻想，不仅丢失了今天，而且永远生活在对明天的等待之中。

我们应该清楚，拖延不能解决任何问题，也不会使问题变容易。相反，随着期限的逼近，各种压力会与日俱增。在这种情况下，人不仅会感到身心疲倦，问题也会由小变大、由简单变复杂，这时要解决问题远比当初困难。更糟糕的是，一切因拖延所造成的损失，只能由自己承担。

拖延是执行力的天敌，而避免拖延的唯一方法就是立即行动。当你行动起来，拖延也就无影无踪了。

英国哲学家培根曾说过："好的思想，尽管得到上帝赞赏，然而若不付诸行动，无外乎痴人说梦。"作为管理者，我们必须为自己的决策负责，及时采取行动。虽然接下来的结果不一定能令人满意，但不采取行动，绝无满意的结果可言。

在美国，人们往往把雷·克罗克与名震世界的石油大王洛克菲勒、汽车大王福特、钢铁大王卡内基相提并论。

雷·克罗克是麦当劳的创始人。麦当劳在创办初期只是一家经营汉堡包的小店。目前，麦当劳遍布全球六大洲的 100 多个国家，拥有约 32000 家分店，被称为"麦当劳帝国"。它能有今天的成功，在很大程度上依赖于雷·克罗克的"一旦决定了就赶快行动"的准则。

1954 年的一天，雷·克罗克去一个叫圣贝纳迪诺的地方，看到许多人在一个简陋的餐馆前排队，他也停下车排在后面。这家小店由麦氏兄弟经营，这便是麦当劳的前身。

当看到人们买了满袋汉堡包，满足地笑着回到自己的汽车里时，雷·克罗克很好奇，没想到一个经销汉堡包和炸薯条的快餐店生意竟然这么红火。

此时，雷·克罗克已经 52 岁了，一直在寻找自己事业的突破口。克罗克凭着多年的经验，意识到机会来了。他看准了麦当劳，决心开办连锁餐馆。

第二天，他就与麦氏兄弟进行协商，麦氏兄弟很快就答应给他在全美国各地开连锁分店的经销权，但条件相当苛刻，规定克罗克只能抽取连锁店营业额的 1.9% 来作为服务费，而服务费中还有相当一部分要归麦当劳兄弟。一心想干一番大事业的克罗克，毫不犹豫地接受了这个条件。

雷·克罗克搞快餐业的决策遭到了家人及朋友的一致反对，家人都觉得他疯了，一个 50 多岁的人怎么能去冒这个险呢？雷·克罗克并没有因为家人的反对而退缩。在他看来，做大事是应该考虑周全，可一旦决定了，就要一往无前，赶快去做。行与不行，结果会说明一切。最重要的是行动。

1955 年 3 月 2 日，雷·克罗克创办了麦当劳连锁公司。他的第一家麦当劳餐馆同年 4 月在得西普鲁斯城开张。9 月，在加州的弗列斯诺市，第二家餐馆也开业了。三个月之后，第三家餐馆在加州雷萨得市建立。到 1960 年，麦当劳餐馆已经开到了 228 家，其年营业额达 3780 万美元。

成功源自执行。我们总是在规划自己的美好未来：总有一天我会成为优秀的管理者，在公司举足轻重；总有一天，我会拥有自己的公司，打造自己的商业帝国；总有一天……多少想法，多少梦想，多少好打算，为什么没能实现？原因仅仅是你的决定没有实际行动的支持。好的想法固然重要，但比它更重要的是行动。当我们有了想法，有了计划而不去执行的时候，再好的想法也只会白白消失。

雷·克罗克的故事告诉我们：一百个目标，一千个想法，不如一个实实在在的执行。

想获得一个好的机会，想成为一名优秀的管理者，有这样一个宏大的目标很好，但是不去做，会不会成功呢？天上是不会掉下你所需要的东西的。

李嘉诚在总结自己的成功经验时说："决定一件事后，就快速行动，勇往直前去做，这样才会取得成功。"所以，有了想法，我们就要马上行动，不要拖延。

卓越的执行力是高效管理的有效方法之一。一名优秀的管理者，会在工作中摒弃拖延的毛病，养成立即行动、动手去做的习惯，不会为自己制造借口，有意拖延自己的工作。他们知道，不是所有的事情都非要等到所有条件成熟了才能行动。诚然，条件成熟是工作的前提，但并不是说只能等条件成熟后才能行动。再说，你怎么知道工作需要哪些条件呢？很多事情也许已经万事俱备，但再苦等东风也不会来，还不如立即去做，然后见机行事，胜算会更大。

有了目标，立即行动，这本身就是一个良好的开端，它会使我们更顺利地去做更多的事情。市场中的很多机会都是稍纵即逝的，能否抓住这些机会，不仅取决于是否有敏锐的洞察力，而且还取决于是否能立刻付诸行动，而后者更有现实意义。与其在等待中坐失良机，不如立即行动。

正如前面所说，要想做到立即执行，必须摆脱拖延的坏习惯。以下是给在工作中喜欢拖延的管理者提出的几点忠告：

第一，积极主动。一个人对待问题的态度很重要，当你积极主动对待问题时，你会对每个问题都感兴趣，并愿意去完成。当一名管理者有了这种态度，下属自然也会用这种态度对待工作。

第二，立刻动手。有了目标立即动手，不要总想着工作中的困难，任何工作都是有困难的，都需要我们不断摸索、创新，一步步排除困难。如果一味地拖延、犹豫，只会在无形中为自己增加更多的困难，这将不利于自己在工作中做出新成绩。

第三，执行有始有终。执行是一个不断深入的过程，即使很普通的任务，如果有效而深入地执行，也比半途而废的"完美"计划要好得多。当我们在执行中有所收获时，往往会对完成下一个任务更有信心，有利于提高工作激情。

第四，不找借口。管理者大多不喜欢下属的借口，可是管理者自己是不是也会找借口呢？任何借口都是消极的，都会影响工作的情绪，进而影响执行力，所以任何借口都不能要。

第五，思行合一。目标本身不能带来成功，但它是一个指明灯，一旦和行动结合起来，将会使你前进的方向更明确，让工作更有成效。

第六，不要等待。还是那句话，永远都没有万事俱备的时候，待万事俱备时再去行动只是一种幻想。想要实现一个目标，必须立即马上行动。

第七，克服困难。对困难要有预见，不能畏惧困难，而是要用行动对抗困难，这样你才能在行动中克服困难。

第八，执行要有计划。今日事，今日毕。执行任何任务都要有步骤，懂得统筹安排，这样才会让你的工作更有效率。

当前很多人将拖延视为一种"病"，一个优秀的管理者不能带"病"管理，更不能带领一个"病态"的团队。因此，祛除拖延这种"病"需要执行力这剂"良药"。

◎ 沟通，让执行更顺畅

管理最有效的方式就是沟通。人与人之间、人与群体之间对一些事情的看法常常不一致，为了寻求思想的一致和感情的畅通，必须具备沟通能力。当管理者向下属布置一项工作任务时，如果没有良好的沟通，下属的执行必然受阻。

沟通需要语言表达。错误的语言表达与正确的语言表达所产生的结果是截然相反的。著名的精神分析学派创始人、奥地利心理学家西格蒙德·弗洛伊德认为，言语是人类意识的基本工具，因而具有特别的力量。他说，言语与魔法起初是同一件事，直到今天，言语仍保持着许多神奇的力量。通过言语，我们可以给别人带来极度的喜悦或最深的绝望；通过言语，老师将知识传授给学生；通过言语，演说家影响着听众，甚至主宰听众的判断和决定。言语唤起情绪，是人类相互影响的方式。

语言表达就是说话，也许有些管理者提起说话会不屑一顾："不会说话怎么当领导？"不错，谁都会说话，下属也会说。可是，工作中总是会出现这样的情况：你说的，与下属所做的，南辕北辙。你可能会说："对方没有领悟能力。"一个下属没有领悟能力，两个、三个呢？难道你的下属全是笨蛋？

从这一点可以说明：不是你的下属笨，而是你的表达有问题，你没能与下属进行顺畅的沟通。沟通不顺畅，无论你的方案、设想多么伟大，都是无法执行的。

业务员好不容易约到了跟进很久的客户，业务经理决定亲自出马拿下这个客户。业务经理跟客户来到一个饭店吃饭，两人点完菜后，筷子没有及时拿上来，业务经理生怕怠慢了客户，急忙找服务员拿筷子。此时正值就餐高峰时间，饭店里的客人比较多，服务员都很忙，而负责给他们点菜的服务员是刚进城的打工者，对于城里的节奏还没有适应，一时也没有反应过来，加之服务员离得比较远，饭店里声音嘈杂，她没有听清。

两人点的菜很快上齐了，筷子依然没有拿来。业务经理只好起身把服务员叫来，生气地说："我们来这么久了，你是不是还想拿个盆来让我们先洗洗手呀？"服务员一愣，心想："这个客人吃饭倒是挺讲究的。"过了一会儿，这个服务员果真拿了一个小盆，里边装满了水，来到这位业务经理面前，请客人洗手。

业务经理见服务员来了这么一出，当下就忍不住了，直接把服务员大骂了一通，大声叫道："洗手干吗，用手抓饭吃呀？筷子呢？菜都凉了，筷子还没上来，你是不是不想干了？"

一旁的客户虽然也觉得这个服务员好笑，但见这位业务经理把拿筷子这么一件小事搞成这个样子，还摆起了领导的架子，当下不悦，找了个借口，起身而去。业务经理万般无奈，回头又把服务员大骂了一通。后来，这笔业务也黄了。

跟单的业务员心中很是不痛快，好好的一个单子，眼见就要成功了，本想着经理能拿下的，结果一顿饭下来，没了。业务员一直弄不明白问题出在哪里，问经理，经理也不清楚。

有一天，客户终于把原因告诉了业务员："你们经理和别人沟通有问题，小问题都无法沟通，将来我们合作起来，那我还不成了饭店里的那名服务员呀！"

看完这个小故事，我们不禁为这位业务员感到惋惜，为这位业务经理感到痛惜。如果当时业务经理直接对服务员说"请把筷子拿给我们"，不管多笨的服务员听了这句话都不会端一盆水过来。可是，他并没有直接说他想要什么，而是以另一种方式说出了来，让服务员听不明白他的意思，从而产生了误解。一场误会毁了一笔生意，让业务员之前的努力都白费了。客户不与业务经理合作也是有道理的。这就是沟通不好造成的问题。

人心隔肚皮。每个人都有既定的立场和想法，双方都不可能完全明白对方在想什么，没有良好的沟通就会出现鸡同鸭讲的情况，不仅表达不清自己的意思，达不到预期的效果，还会适得其反，引发误会。而一个团队，只有每个成员的心都想在一起，劲使到一块儿，才能形成强大的合力。因此，要想将心连在一起，必须沟通。团队里的每一名成员心中都有一扇门，管理者需要打开所有的门，良好的沟通就是钥匙。

　　某公司人力资源部正在修改公司最新的管理层绩效考核制度，之前已经就部分事宜征集过管理层的意见，正式文件经老板拍板后出台。但是，有管理层人员持有异议，认为某些制度设计得不合理。人力资源部经理感到问题很棘手，既不能得罪老板，也不能得罪管理层的经理人。因为，如果问题处理不好，不仅会影响企业绩效考核制度的实施，还可能对今后的人力资源管理工作带来很大麻烦。

　　这位聪明的人力资源部经理决定先与有异议的管理层人员进行充分沟通，了解他们认为的制度设计不合理的地方在哪里，不合理的原因是什么，如何设计才能更合理。

　　经过一番沟通，人力资源部经理终于了解了有异议的管理层人员的想法。于是，他根据自己掌握的材料，分析了他们提出异议的动机，以及他们对制度设计的期望。这位经理发现，制度的修改更多的是根据老板的意图来操作的，而这也恰恰是管理层对制度存有异议的根源所在。制度的修改本是因为原来的制度在执行中出现了各种不合适的地方，其中有很大一部分是管理层在实践中遇到的，管理层希望制度有所改善。但是由于没有制度修改流程的保障，人力部门在修改公司最新管理层绩效考核制度时，没有就修改内容同管理层进行充分的事前沟通，仅就部分事宜征求了意见，然后就将老板拍板后的文件正式出台了，这样就间接造成了管理层人员在制度出台后，表现出对制度设计的异议。

　　人力资源部经理认为，制度修改不应只重视老板的意见，而忽略被考核管理人员的意见。他向老板陈述了其中的利害关系：绩效考核的根本目的是提升组织绩效，如果离开了绩效制度的执行者——企业管理层，那么要实现企业绩效的提升，恐怕就会成为一句空话！

　　公司老板也意识到了自己的错误，于是了解了对制度有异议的管理层人员的想法，然后让人力资源部经理根据大家的意见重新修改制度。最终，人力资源部拿出了一个人性化的、合理的制度，大家不仅心服口服，而且严格执行。

沟通的重要性很明显。如果公司制度修改只关注老板的意见，不能充分考虑各方意见，制度修改前不能充分与各方进行沟通，那么修改后的制度，又有多少人愿意执行呢？当然，这个公司的人力资源部经理是一个聪明的管理者。那么，这样的管理者又有多少呢？你是吗？

请重视保持良好的沟通，这样才会使你的目标实现得更加顺畅！

◎ 成功的管理者都会主动去倾听

很多做销售的人都听过这样一个规律：大部分业务员在推销产品时，70%的时间是他在讲话或介绍产品，顾客只能得到30%的讲话时间，这样的业务员业绩平平；还有一小部分业务员正好相反，70%的时间让顾客讲话，自己倾听，30%的时间用来发问、赞美和鼓励顾客说话，这些才是业内顶尖的业务员。

我们说沟通很重要，尤其需要用嘴去表达。可是，如果话语过多，或者表达不正确，不仅达不到沟通的效果，还会适得其反。因此，要想正确地与人沟通，首先要学会如何更好地倾听。

两千多年前，先贤孔子就曾指出"君子欲讷于言而敏于行"，说话谨慎，做事敏捷，关键是要学会倾听他人的诉说。作为一名管理者，你能倾听到对你有用的信息，将有助于你的管理工作。

有些管理者高高在上，总是自以为是，没有下属会主动去告诉他们哪里有问题，哪里出错了，即使告诉了他们，他们也不会听，这类管理者往往是一些失败的管理者。如果你想做一个好的管理者，最好学会倾听，因为你将从下属、从同事、从客户甚至从对手那里听到很多对你有用的信息。即使对方的回答听起来没有什么用处，也可能包含着一些重要的信息。例如，对方给你的回答是"我们产品的市场变大了""利润增加了""竞争对手破产了"等，虽然这些话看起来没有什么用处，但是如果你将这些话变成"假设市场没有变大，你会做何反应呢？""要做什么才能提高利润率呢？""对方公司破产之后，你们公司会如何趁机行动呢？"你会发现，这些回答将会变得有用。

我们所倾听的并不都是废话，特别是当我们听到一些善意的忠告、重要的信息、好的工作方法，将对我们的管理带来莫大的好处。

玛丽·凯·阿什是玛丽·凯化妆品公司的创始人、美国最成功的企业家之一，她的公司目前已拥有 20 万名职工。倾听，是她坚持的最有效的管理手段之一。玛丽经常会专门抽出时间来聆听下属的讲述，同时做仔细的记录，对他们的建议和意见十分重视，并在规定的时间内给予答复。她还让自己的销售部门倾听顾客的意见，很多产品都是销售部门听取了顾客的建议，按照顾客的需要制作的，所以无须大做广告，既节省了很多的广告费用，也使产品有很好的销路，企业的效益也一直在同行业中居于领先地位。

日本松下公司的创始人松下幸之助创立公司之初，只有 3 人，他总是愿意倾听大家的意见，随时改进产品，确立新发展目标。

成功学大师戴尔·卡耐基不仅仅是一个会说的人，而且是一个善于倾听的人。有一次，在一个宴会上，他身边坐着一位植物学家，植物学不是他的研究领域，不过卡耐基一直都很专注地听植物学家跟他谈论的各种有关植物的趣事，对植物学表现出极大的兴趣，几乎没有说什么话。分手时，那位植物学家对别人说：卡耐基先生是一个最有发展前途的演说家与人际关系大师，此人会有大的作为。

从以上几位名人的案例中，我们可以看出，成功的管理者都会主动去倾听，对说话者的话题表现出极大的兴趣，仔细做记录，然后对自己的不足加以改正。他们是"讷于言而敏于行"的忠实执行者。

倾听是有目的的。有人根据倾听的目的，将工作中的倾听归纳为这几种：第一种，获取信息式倾听，识别他人的思想，寻找支持性材料，联系自我经验寻找相似点和区别；第二种，判断式倾听，确定说话者的动机，对观点进行质疑和疑问，把事实从观点中区分出来，承认自己的偏见，最后评价信息；第三种，感情移入式倾听，同情、理解说话者的情感，通过倾听让对方找到解决问题的方法；第四种，享乐式倾听，为享乐而进行倾听。

好的管理者往往会通过倾听，为错综复杂的问题找到解决之道。在倾听的时候，他们会比讲话的时候得到更多的信息。当他们全神贯注地以极大的兴趣听下属讲话时，会知道下属在想什么，会知道自己哪里做得不对，会从对方的谈话中得到很多的启示。

有这样一个故事：

在一个人山人海的广场上，各种嘈杂的声音震耳欲聋。一个人说："我听到了一只蟋蟀的叫声。"

"在这么吵闹的地方是不可能听到蟋蟀的叫声的。"朋友不相信地说，"我敢保证，你绝对听错了。"

"我敢肯定，我真的听到了一只蟋蟀在叫。"他仔细听了一会儿，然后穿过大街，来到一个长着灌木的大花坛前，然后很自信地在灌木的底下找到了一只蟋蟀。

朋友见状，瞪大双眼，难以置信地说："你一定有一对超人的耳朵。"

"不，我的耳朵和你的没什么不一样。关键是你在听些什么。"

朋友还是不相信："这真的不可能，在这么吵闹的地方我就听不到蟋蟀的叫声。"

"是的，这倒是真的。这要看什么东西对你来说才是重要的。来，让我试验给你看。"

那个找到蟋蟀的人掏出钱包，倒出几枚硬币，然后小心翼翼地扔在人行道上，大街上的吵闹声依旧，然而，他们看到在几米内的行人都不约而同地把头转了过来，盯着人行道上叮当作响的硬币。

不错，只要你善于倾听，总会听到一些对自己有用的信息。作为一名管理者，不仅要广开言路直接听取对自己管理有用的意见，更应该找到那些潜藏在员工思想中的与解决问题相联系的要素，即便是最微小的部分，也不能放过。

此外，倾听还能改善你与下属的关系，原因很简单：当被别人认真倾听的时候，人的反应会更积极，会觉得自己被认真对待，被对方赞赏。耳朵是通向心灵的道路，会细心倾听的人才能得到他人的认可，才能处处都受欢迎。

当然，倾听是需要勇气、智慧、耐心和灵活性的，管理者真正的智慧就是在倾听的时候不要以自我为中心，同时不要显得过于无知。总之，对于管理者来说，听胜于说。

◎ 务实的沟通更有效

语言是一种艺术，在日常生活中，我们时刻需要通过语言进行交流。在对语言进行理解的时候，每个人都可能有不同的思维方式，所以如果语言表达不当，就很可能引起误会。语言引起的误会不但解决不了问题，反而会让问题加重。

人们容易在热情、冲动之下改变自己的思想，也可能因为某种情绪而固执己见，即便知道那是错误的。这种行为通常是无意识的、不容易被我们注意到的。虽然在平时我们能够进行理智的思考，但是当别人对我们表现出嘲笑、指责的时候，我们会极力维护自己的观点。很明显，这并不是由于那些观点本身非常宝贵，而是我们的自尊心受到了伤害……

管理者需要时常和员工进行各种沟通，这是必不可少的，如果在沟通的过程当中语言不当，会让员工产生抵触情绪。比如，你买了新窗帘，在拿到账单的瞬间产生了一种上当受骗的感觉。如果有人知道后嘲笑你，或者直截了当地告诉你上当了，此时的你会承认吗？你即便知道自己上当了，也不愿意承认自己判断力低下。若是有人夸赞你的窗帘足够漂亮，那么你就可能平心静气地告诉对方你被骗了。

同样的一件事，不同的语言会产生不同的结果。在管理当中也是一样。如果不能运用正确的语言表达方式，那么你将无法与员工进行有效的沟通，在管理的时候就会困难重重。

在美国南北战争时期，著名的编辑哈里斯·格里莱曾激烈地反对林肯的政策。为了达到目的，他不惜使用辩论、讥笑甚至谩骂等很多极端的方式，他认为在这些压力面前林肯会被迫同意他的观点。他的这个认知支持他年复一年地反对林肯，就连林肯遇刺都没能让他改变态度，他甚至在林肯遇刺的那天晚上还写了一篇讽刺林肯的文章。但林肯从未因为他的各种攻击而妥协，他那些激进的言论除了让他在人们眼中成为一个刻薄的人之外没有起到任何实质性的作用。

这就是一个例子。面对问题，最重要的是解决问题，而不是批评犯错误的人。

面对一个问题，很多管理者会先调查问题出现的原因，分析问题是如何发生的、和谁有关、为什么会出现，最后列出解决问题的各种方法和步骤。这种解决问题的方式一点儿也没错，但是我们讨论的是如何更高效地进行管理，如何将任务执行得更彻底，如何让上下级的沟通更为顺畅，那么，我们就不能按这种常规思维来管理。

当你的某个下属工作中遇到了问题，作为上司，你明明知道怎么解决这一问题，却没有明确地告诉下属，而是转弯抹角地给他分析问题的原因，这是一件费神费力的事。作为上司，你不如直接告诉他解决问题的方法。这就像我们生病时，我们只想让医生告诉我们怎么医治，而并不想花很多时间去了解这种病的方方面面；或者我们的车子坏了，只想马上修好，并不想分析它是怎么坏的。

管理者往往会说："我只需要结果，不需要过程。"是的，下属也是这么想的："我只需要方法，不需要分析。"复杂的表达有时会让问题更加复杂，不利于问题的解决。因此，管理者要善于抓住谈话要点，善于用解决问题的语言表达自己的想法。

生产部经理生气地找到人力资源部经理："我们车间里的小刘快把

我逼疯了，他总是在背地里挑战我在团队中的权威。我们刚才大吵了一架，我来找你，希望你能处理一下这件事。"

人力资源部经理："他工作怎么样？"

生产部经理："他是我们车间工作能力最强的，可是他将自己的工作成绩当特权，我想将他踢出我的团队。"

人力资源部经理并不想这么做。他找到小刘："告诉我，你跟生产部经理发生了什么事情？"

小刘讲了一个长长的曲折的故事，简单地说就是他和经理之间多次误解后产生了大冲突。人力资源部经理说："好了，小刘，我理解你的意思，我不想在这里用理智分析你们谁对谁错。很明显，你的经理对你不满。你必须缓和与经理的矛盾，否则你就要走人。"

小刘意识到事态的严重性，于是主动找上司谈话，化解了双方的矛盾。

很明显，在解决小刘与上司有矛盾这个问题时，人力资源部经理没有对事情的真实情况进行无用的探索和分析，因为这种分析不会有任何结果，只会为两人带来更大的矛盾。他选择直接陈述利害关系，指明解决方案，省去了诸多不必要的麻烦，直接让当事人自己解决问题，既提高了自己的工作效率，又维护了公司的利益。

管理者有时必须学会不绕圈子直击要害，这种务实的沟通更有效。要谈论解决问题的行之有效的方法，而不是纠结问题出现的原因，这样各方才能够以建设性的态度发表意见，而不是僵持在"谁对谁错"的争吵中。

一家公司的流动资金周转出现了问题。但是，信贷额已经被拉伸到了极限，不能再从银行贷款了，公司需要大幅度提高营业额来抵消逐渐增加的成本。

公司老总召集管理人员开会，商量对策。销售经理提出："我们必须加大投入，增加额外的广告预算，更多地在销售方面进行努力，最好是投资建立一个大型网站，以促进销售。只有销售额上去了，资金流才能得到改善。"

财务经理立即反对。他设计了一个费用控制的方案，坚持认为公司必须花大力气进行成本控制。

一时间，销售经理指责财务经理目光短浅，财务经理指责销售经理没有节省成本的观念；销售经理指责财务经理不相信公司的实力，财务经理则指责销售经理不顾公司的财务现状。

公司老总这下为难了：不投钱，销售肯定是上不去的，营业额不会增加；没有成本控制，就无法提高利润率，也不会有现金流方面的改善。如果这样讨论下去，又指责不断。

当团队内部发生争吵时，管理者们可能会分析这些争吵是如何开始的，分析的结果很可能是：这是团队里某个人的过错。为什么要聚焦于问题是如何发生的呢？

作为管理者，此时更多地需要聚焦于问题的解决方法，直接告诉团队的所有成员自己的想法，这样完全可以避免一些不必要的争论。

这不是一种独裁，而是以充分的倾听为前提，提高执行力，确保目标实现的有效方法。

除了用直接的语言表达外，有时也需要委婉一些的表达方式。语言表达没有一种固定模式，因为问题各不相同。有时，过于直白的语言可能会让问题更加严重，这时就要懂得用委婉一点儿的表达方式。

在富兰克林还未有所成就，只是一个冒失的青年时，他曾受到过一位老人严苛的训斥。

老人说："你是一个无药可救的人。每当有人和你意见相左的时候，你为了强调自己的观点，总会对别人毫不犹豫地嘲笑和攻击。但你知道吗？你那些不符合实际的意见并不是所有人都能接受的，你的朋友们甚至会认为你不在场的话能让他们更加舒适自在。你知道的或许已经不少了，所以没人能再教你什么了，而且这种费力不讨好的事情也没有人愿意去做。这也就代表着你无法再接收新的知识，然而现实中你并非什么都知道，你的知识仍旧十分有限。"

众所周知，富兰克林并非一无是处，他有很多的优点，但他的语言表达方式让他的优点都被遮住了。后来，他改掉了自己说话的习惯，不再用武断、伤害他人的语言来表达观点。在他语气变得温和之后，很多问题都迎刃而解了。

企业管理也是如此，很多时候管理者过于直白的语言在员工眼中会有别样的色彩，比如居高自傲、端老板架子等，即便你并没有这样想。如果用谦虚一些的语言，员工可能更容易接受，也会更愿意与你沟通，如此一来，问题便迎刃而解了。你与员工之间没有矛盾，员工自然会服从你，乐于执行你的命令。

总而言之，和员工沟通，是为了提高员工的执行力，让企业的效率有所提高。面对问题时，与其批评员工、强调错误的原因，不如将时间花在解决问题上，并用恰当的语言让员工理解。谦虚也好，直白也罢，最终要让员工明白解决的办法，从而按照你的要求执行命令，解决问题。

◎ 换位思考，真诚沟通

有一天，乌鸦在树梢上看到了黑猪路过。乌鸦就和同伴议论起来了："真是天底下的一大悲哀啊，不仅笨，还这么黑！"黑猪一听乌鸦说的话，不高兴了，没好气地说："更笨、更黑的站在树梢上呢！"

乌鸦跟黑猪谁更笨更黑，我们无须讨论。不过，有一个问题我们需要思考——乌鸦嘲笑猪黑这个笑话产生的根本原因。乌鸦只是将目光盯在黑猪身上，忽略了自己身边的同伴，更忘记了自己的一身"本色"，以致闹出了笑话。假如乌鸦换位思考一下，站在黑猪的角度，看看乌黑的同伴，再瞧瞧自己，保准它不会自取其辱。

可见，换位思考可以使人对同一件事情取得不同的认识。

当你处于工作中比较繁忙的阶段时，有许多事情需要处理，你会发现自己不被人关心，付出的努力也不被人关注。那么，当别人处于工作繁忙的阶段时，你作为上司，关心过别人没有呢？

"金无足赤，人无完人"，每个人都有缺点，都有不足之处，难免会产生矛盾。当隔阂与矛盾出现时，我们常常只会抱怨，指责他人的错误。其实冷静下来，换位思考一下，多从自身找找原因，先看看问题是否出在自己身上，自己是否需要改善，或许怨气就消了，矛盾也就迎刃而解了。

每一件事情都有它发生的原因，我们要结合当时的实际情况和场景来认识它，批判性地认清事实。在这个过程中，用心的、主动的、积极的沟通尤为重要。

每个人都喜欢被需要，不喜欢被冷落、被排斥。遇事能多替别人着想，多些宽容和谅解，有助于人与人之间的沟通和理解。因此，每个人都有必要把换位思考当成一种基本的思维方法。

换位思考，可以让我们突破固有的思考习惯，学会变通，解决常规思维下难以解决的问题；可以让我们了解别人的心理需求，感受他人的情绪，有效沟通，达到说服对方的目的；还可以让我们欣赏到他人的优点，并给予对方真诚的鼓励，使团队和谐、高效；也可以使领导得到下属的拥护，下属得到领导的器重。

一家大型的工程公司在国外有多个项目，需要部分员工频繁出差到国外，这使他们常常与家人分离好几个月，给员工和员工的家庭带来了一些困难。虽然公司在薪水方面给予出国工作的员工一定的弥补，但仍比不上员工一家人的团圆。

有一次，一位员工到国外出差，他的父亲病重。幸亏公司领导及时将老人送到医院，才挽救了老人的生命，并派公司员工轮流照顾老人。老人病情稳定后，公司领导立即安排那位员工回国，此后也不再安排这位员工到国外出差。

汶川大地震时，一位四川籍员工在老家的房屋受损严重，公司领导得知后，主动捐钱，并号召公司全体员工捐款。过年时，公司领导还带着礼物千里迢迢地去四川看望那名员工的家属，表示慰问。

几年后，公司一个重要客户破产，导致公司也濒临破产。为了应对这次危机，全体员工自发同意公司延迟支付他们月工资的一半。半年后，公司终于渡过了这次危机，其中一个主要的原因就是推迟支付员工的部分工资。

一个处处为员工着想的管理者，怎么可能不被员工爱戴呢？企业和员工构成了一个共同的利益体，企业和员工之间，管理者和员工之间，都需要相互理解。

为了共同的利益，我们不仅要换位思考，还要主动为他人着想。

那么，如何学会换位思考呢？

首先，要有一个宽广的胸怀。

要能够包容别人，主动为他人着想。特别是在被他人误解时，不要为自己做过多的辩解，更不要摆架子，而是要用实际行动证明自己，消除他人对自己的误解。工作中产生了摩擦，应当把自己和对方所处的位置关系交换一下，站在对方的角度上考虑问题。这样，你就能控制自己的情绪，真切地理解对方的感受，从而达成谅解。多一些宽容，你的对手或许就是你潜在的朋友。

其次，要学会理解他人。

理解说起来很简单，做起来却很难，每个人都有自己的人生观与价值观，自己的想法自然与别人的有所不同。只有换位思考才能真正地理解他人的难处，只有理解了，才能大大提高沟通的效率，这样才能够事半功倍。

再次，坦诚相待。

要想达成共识，就应多站在对方的立场想问题，主动将自己的想法表达清楚，以便对方做出正确的回应。唯有将心比心，才能沟通顺畅。

最后，要有大局意识。

多从对方的角度想问题，以大局为重，不要过多地计较个人得失，多从自己身上查找问题的原因。

沟通是双向的。换位思考不仅仅是一种理解、一种关爱，你还可以从中学到东西，弥补自己的不足，它也是个人进步的阶梯。

　　如果万事都能学会换个角度去看，学会换位思考，你就可以很清楚地看到自己的不足之处和他人的优秀之处，并能够扬长避短，发挥自己的最大潜能；就能说出别人能接受的话，能够拉近双方的关系，如同给两颗心之间搭建了一座桥梁。这才是沟通的真正目的。

第七章
绝不忽视任何细节

　　"把每一件简单的事做好就是不简单，把每一件平凡的事做好就是不平凡。"这是海尔集团董事局主席张瑞敏的话。所谓的"简单"与"平凡"便是企业日常运行中那些看似无所谓却又无比重要的细节。如果管理者能够重视细节，企业的运行效率也就有了保障。

◎ 至关重要的细节

现代化的大生产，涉及面广、场地分散、分工精细、技术要求高，许多产品和工程建设涉及几十个、几百个甚至上千家企业，有些还跨越几个国家。例如，做一双鞋要经过五个人的分步加工，制造一台电视机要数百人齐心协力地工作，制造一台汽车需要几千名工人分工协作并且需要数百家公司提供原料和零部件，而一架波音747客机则有450万个零件，美国的"阿波罗"宇宙飞船则要两万多个协作单位共同完成。

现代商业的规模如此庞大，想到有成千上万件事情需要你去操心，估计每个人都难免头疼。但越是这样，你越不能忽视其中的任何一个细节。现代商业的特点是规模庞大，分工却不粗放，而且越来越需要企业领导者实行更加精细的管理。

人的精力是有限的，我们只能通过制定和贯彻执行各类技术标准和管理标准，从技术和组织管理上把各方面的细节有机地联系协调起来，形成一个统一的系统，从而保证生产工作有条不紊地进行。

在这一过程中，每一个庞大的系统都是由无数个细节结合而成的统一体，忽视任何一个细节，都会带来无法想象的灾难。认识到了这一点，你就会意识到，任何一个细节，都是管理当中不可或缺的组成部分。

　　说起"大奔"，那可是中国人心中世界名车的代表。奔驰是德国厂商生产的，全世界的人都知道。要说机器，那肯定是德国人制造的最好。德国人生性严谨，所以他们做出来的机器才格外可靠。奔驰汽车在德国机器当中也是佼佼者。奔驰公司的管理人员大多数都是德国人，他们对产品每一个部件的制造都一丝不苟，甚至可以说到了吹毛求疵的地步。

　　人们看一辆汽车，首先注意的肯定是这辆车的外观，而比较具备专业知识的则会关注这辆车的性能，至于汽车的座位很少有人关注。但即使在这个极少人注意的部位，奔驰厂也极为认真。奔驰汽车座位的座套所用的纺织面料是羊毛的，这些羊毛必须专门从新西兰进口，其粗细必须在 23~25 微米之间。细的用来织高档车的座位面料，柔软舒适；粗的用来织中低档车的座位面料，结实耐用。纺织时，根据各种面料要求的不同，还要掺入从中国进口的真丝和印度进口的羊绒。这一切，在严谨的德国人眼里都是不能掺半点假的，因为这是大事。

　　座套下面就是奔驰车的真皮座椅了。据说，为了选好的皮子来做椅子面，奔驰公司曾经派人到世界各地进行考察，最后还是在德国本地选了一家质量最好的供应商，并额外要求他们的供货商在饲养过程中防止牛出现外伤和寄生虫，保持良好的卫生状况，以保证牛皮不受伤害。

　　如果你认为这样应该已经可以了，那你可就太小瞧德国人的严谨了，因为选好的牛皮原料才只是开始。一张 6 平方米的牛皮，奔驰厂拿来做椅子面的还不到一半，因为肚皮太薄、颈皮太皱，而脚皮又太窄，这些"边角余料"都是不符合规格的。此后的制作、染色都有专门的技术人员负责，直到座椅制成。最后还要由一名工人用红外线照射器把皮椅上的皱纹熨平，这样才能体现奔驰的品质。

奔驰车向来以品质卓越著称，就连相对来说并不重要的座椅都下了这么大的功夫，我们不得不对那些严谨的德国人表示钦佩。就连座椅所用的布料和皮子都要做到尽善尽美，奔驰车的其他部位难道还会差吗？我们必须得承认，奔驰公司能够得享大名，绝对不是偶然。

奔驰公司能够有今天的成就绝不仅仅是因为德国人天生严谨的性格，要知道，并非所有的德国公司都有奔驰这样的成就。事实上，让奔驰公司受益最大的还是他们先进的管理理念。他们强调为了品质不惜精力，不惜成本，对待细节一丝不苟。这既是他们的理念，也是他们在经营上的战略方向。这些先进的思想，再加上德国人天生的严谨性格，才成就了今天的奔驰公司。公司上下的每一个人在每一个微小的细节上的工作态度都极为严肃认真，这是奔驰车获得成功的真正秘诀。

曾任美国国际电话电报公司行政总裁的哈罗德·吉宁说："有许多事不需要我知道，可是在事后我要知道这是怎么回事。"他手下的一位行政主管也曾说过："在国际电话电报公司由吉宁一级解决的问题——有许多是小问题——比其他任何一家大公司都要多。"

这难道不正是管理之中细节为重的极好例证吗？诚然，对一个公司的领导和管理者而言，宏观调控很重要，但对微观事务的掌握同样是不可或缺的。

◎ 细节关系到企业的竞争力

什么是好的管理？在这里我们不做过多的讨论，但有一点是毋庸置疑的，那就是当你处理好了管理当中的每一个细节，你的管理"段位"自然就上去了。

意大利的知名橱柜品牌利澳·克鲁尼，拥有悠久而辉煌的历史，在同类产品中具有无与伦比的竞争力，而这一切都来源于细节的执行和贯彻。曾经有一位烤漆大师到利澳·克鲁尼公司就职，这位大师以前在某大型橱柜企业工作过，技术很好，但有个坏毛病，喜欢穿拖鞋进烤漆房。利澳·克鲁尼的管理人员对于这件事情的态度是，既珍视人才，也毫不退让。最终，这位大师彻底改掉了坏毛病。诸如此类的小细节，在利澳·克鲁尼的管理实践中有很多，只要是有利于企业的事就要贯彻执行，没有商量的余地。

这与中国企业传统的管理有很大的区别。中国人历来讲究"成大事者不拘小节"，因此，在很多技术人员匮乏的领域，多数企业为了留住人才都会对一些小细节视而不见，但正是这些细节影响了企业的竞争力。细节的处理会有个得失问题，敢不敢于失去是一个很重要的问题，意愿越强烈，执行力度越强，就越能失去错的而得到对的，失去次要的而收获主要的。

利澳·克鲁尼始终重视细节的执行，他们选拔有细节执行力的人才，并不断培养提高他们这方面的能力，同时制定适当的制度、可行的方法，交给有细节执行能力的人去执行。利澳·克鲁尼的业务精英队伍经常进行体验式学习，老业务员也不例外，通过转换自己的角色和职位，发现细节执行上的成功和失误之处，锻炼驾驭细节的能力。

细节的执行也要注意环境，要知道，在一个不正确的环境中去执行某些细节管理方法，是可怕的错误。利澳·克鲁尼重视因地制宜的细节执行方法，它有一套完整的体系来决定在怎样的环境中，对什么样的人执行什么样的细节，强调不能跳出环境去执行不适宜的细节，同时创造某些必要的细节执行的良好环境，这是利澳·克鲁尼高层管理人员的重要工作。

锤炼企业的细节执行力，是每个企业获取核心竞争力的必由之路。任何一个好的企业都能发现细节并且执行细节管理。随着世界的发展变化，竞争加剧，企业的成功不再是短暂的、偶然的产品开发或灵机一动的市场战略的功劳，这些都是企业核心竞争力的外在表现。核心竞争力必须是企业所特有的，并且是竞争对手难以模仿的，是难以转移或复制的，这种难以模仿的能力能为企业带来更多的利润。

要想打造企业的核心竞争力，就必须以更优质的产品、更快捷细致的服务让客户更加满意，将各项工作都落实到细处，落实到每一个角落。这要求企业每时每刻都要考虑下一步要做的事情，考虑客户下一步的要求是什么，从细节上为企业赢得口碑，加强核心竞争力。

东风日产东峻专营店是东风日产旗下业绩最好的4S店。东峻的管理模式有一个非常重要的特点，就是极其重视细节，从对内管理到对外服务，概莫能外。这一点十分值得我们学习。

事实上，东峻在管理上的每一点提升都是靠超前的理念和无数个细节来支撑的。无论客户把电话拨到东峻店的哪一个部门，那里的员工都会主动问候："你好，东风日产东峻专营店。"这让客户感到备受礼遇和尊重。从 2004 年开始到现在，整整 10 个年头过去了，东峻始终保持着一个习惯，那就是在每天早晨的例会上，店里上上下下，从经理到雇员，所有人一起温习接待客户的相关礼仪。正是这样日复一日的训练，让东峻的员工把这套东西深深地刻到了骨子里。

在东峻店，销售部经理把交车规范制定得更为细致。新车交接时，车内要悬挂吉祥的中国结、车身要扎上红头巾，油箱必须有 15 升以上的油，等等。这些一丝不苟的细节，表现出的是东峻员工强大的执行能力。

对于企业核心竞争力，不同的企业有不同的定义，战略、技术、资本、质量、渠道、客户、品牌、速度、创新等，都被定义为企业核心竞争力。但是企业核心竞争力的关键在于企业的细节执行能力，即让自己在这一方面做得比其他企业更好，关注每一个细节，做好每一个细节，让客户体验到全方位的满意服务，这就形成了企业的核心竞争力。

◎ 将每一个环节做到最好

古语说得好："千里之堤，溃于蚁穴。"任何事物都是由无数细小的结构组成的，每一个组成部分看似微不足道，却往往会对这个事物的生存和发展产生重要的甚至决定性的影响。

企业是一个庞大的社会团体，企业中任何部门的运转甚至每一个基层员工的具体工作，都对企业的发展起着重要的作用。企业中存在的各种"小问题"其实就是企业管理中的一个个蚁穴。这些小问题看起来对庞大的企业产生不了多大的影响，但如果管理者不加以重视，长此以往就会由量变产生质变，最终成为压垮企业的最后一根稻草。在日常工作当中，管理者最容易忽视的就是一些细小的环节。许多时候企业并不是被大事打倒，而是败在一些不起眼的小问题上。对一些小问题的疏忽是很多大企业常犯的错误，而一个小小的问题就可能给企业带来巨大的损失。

巴林银行目前只是荷兰国际集团旗下的一家公司，但如果我们翻开这家银行的历史，就会发现曾经的巴林银行有着多么辉煌的成就。然而，这一具有233年历史、曾在全球范围内掌控270多亿英镑资产的银行，竟毁于一个年龄只有28岁的毛头小子利森之手。

利森曾经在工作中出现了一个小失误，为了逃避惩罚，他没有将错误上报，而是选择用欺诈的手段来掩盖自己的失误。可悲的是，巴林银行的高层并没有从一些蛛丝马迹中注意到利森的这种违规操作。最终，利森为了掩盖小错误犯下大错误，导致巴林银行亏损了约6亿英镑，使得庞大的巴林银行因此而破产。

当今的企业竞争，看似只是产品或者服务的竞争，实际却是同行业众多企业之间的全方位竞争，绝大多数企业都很难对竞争对手形成压倒性的优势。这时，由某一个细节所产生的微弱优势便可能成为决定性力量。企业只有用心将每一个细微环节做到最好，才有可能在和竞争对手的比拼中取得相对优势。

沃尔玛是世界超市连锁业龙头企业，但这样一个知名的大企业却很少有亮眼的营销广告，甚至连广告模特都是由企业员工及其家属来充当，因此，沃尔玛每年的广告费只占其总体运营费用的0.4%。相比沃尔玛，竞争对手凯马特公司却追求在广告营销方面的大手笔，该公司每年的广告费用在总体运营费中的比重都超过10%。

沃尔玛公司之所以会这么省，是因为他们将这些钱用来确保企业的价格优势了。通过对各方面开支的节省，沃尔玛公司销售的商品比对手凯马特整体低了将近4%，正是这4%的价格优势，让沃尔玛的销售量保持领先。沃尔玛能保证两到三天上一次货，而凯马特的上货间隔却达到了5天。上货时间缩短又让沃尔玛的商品看起来更新鲜，这无疑让沃尔玛的商品有了双重优势。正是因为这些细节上的差别，沃尔玛最终赢得了竞争，成为这一领域的翘楚，而凯马特却因为疏忽细节，最终败下阵来，宣告破产。

当今企业的生产和运转都已经实现了流水化作业，而这种流水化作业将整个企业的各个环节联系得更为紧密，对于企业生产效率提高的作用是毋庸置疑的。但是流水化作业的问题在于，哪怕只有一个环节出了问题，都会给整个生产流程带来重大影响，甚至影响整个企业的运转。

海尔集团是中国民族品牌的骄傲，经过多年的发展，海尔集团已经成为全球最大的家电生产企业之一。目前，海尔集团已经成长为在世界拥有21个工业园，5大研发中心，19个海外贸易公司和7万名员工的超大型企业。虽然是大型企业，海尔集团却特别注重细节管理。在海尔集团有一句话："要让时针走得准，必须控制好秒针的运行。"这句话说明了对小问题加以管理的重要性。海尔集团之所以能在激烈的全球竞争中劈波斩浪，是因为张瑞敏这位船长确保了每一个零件的有效运转。

不仅是海尔集团，世界上著名的企业，无一不是在细节上精益求精。著名餐饮企业星巴克公司就是很好的例子。在美国《财富》杂志评选出的全美 10 家最受尊敬的企业中，星巴克榜上有名。星巴克的高知名度不是因为广告做得好，相反这家公司很少做广告，为它赢得海量顾客的，是其精益求精的细节管理。星巴克认为，要想给消费者完美的享受，除了美味的咖啡之外，更重要的是，通过提供一片安静、舒适、惬意的休闲空间来打造一种高品质的消费体验。为了打造这样种环境，星巴克的室内设计非常艺术化，音乐、桌椅的摆放、墙上的画，都衬托出浓浓的咖啡香，营造了独特的星巴克咖啡文化。正是因为做好了这些细节管理，星巴克才无论在美国还是在世界其他任何地方都能赢得客户的心。

有些企业管理者整天埋头苦思或者文山会海，希望通过战略性的决策来实现企业的飞跃式发展，效果却往往不佳。这其中的重要原因就是企业的决策者只是重视决策的重要性，却没有在细小环节上下功夫。事实上，如果没有足够的执行力将企业生产运营中的每一个细微环节都做到最好，那么再好的决策都会变成一纸空文。

◎ 管理中的"留白"

国画大师齐白石先生曾经说过这样的一段话：面对着一张白纸，如果什么都不做，那它只是一张白纸而已；而如果画了一只虾，那么留白之处就是潺潺河水；如果画上一只飞鸟，留白之处就是浩渺天空。

后人时常惊叹高手留白的艺术，事实上，留白不仅可以用于艺术创作，也可以应用于管理中。在大部分人的眼中，管理自然是越细致越好，因为这样一来就是有章可循，有法可依。规章制度在产生之初，目的都是让各种细节得到有效管理，比如连锁企业肯德基和麦当劳的制度，写到员工守则里的就有上千条。也正是依靠这种细微到极致的制度，企业的统一性才得到了有效保证。

但是如果过分推崇细节的管理，又容易走入另外一个极端。理由很简单，制度是静止不动的，人的活动却是动态的，试图用静态去描述整个动态无疑是不现实的。当为了管理而管理的时候，那些看似平常的细节甚至会妨碍正常的管理。

一家著名的火锅连锁企业，为了能够让顾客感受到无微不至的照顾，制定了很多人性化的服务细节规范，比如：服务员在几步之内一定要和顾客打招呼，上菜的时间不能超过几分钟，桌子要擦几遍等。如果单看他们的服务手册，对于细节的要求可谓是达到了极致。而事实上呢？确实有一些顾客感受到了不一样的服务，但是依然会遇到各种意想不到的突发情况，这就需要服务人员在"留白"处主动应对，对可能遇到的种种情况预先想好对策，而不是只按照守则上的要求实行。

对于任何一项制度而言，总会有规定不到的细节。更何况，制度往往是硬性的规定，限制和规范人的行为，但细节却是变化的，是细致入微的。这些细节往往不被人察觉，但总是在无意之间让人十分感动。举个简单的例子，在很多的企业里对职工都会做以下的规定，禁止吸烟，严禁乱扔垃圾，违者罚款 XX 等。但是这样做的后果是什么呢？那就是众人看得见的"大"地方非常干净整洁，比如工厂的道路、车间、办公室，但是看不见的"小"角落，如厕所、垃圾桶边、隐蔽的过道则很难令人满意。

对于这种情况，管理者总是习惯将原因归结于下属的素质问题，但实际上还有一个重要原因，就是细节做得不够到位，一味命令的语气容易使人生厌。

　　管理中的空白空间，无论是主动留下的还是被动产生的，都需要发挥个人主观能动性。因此，制度的留白有时候是艺术的留白，就像中国的山水画一样，不是每一个细节都需勾勒出来，高手必然会留下空间去任人发挥。这样做的目的是完善制度，不给人一种被管理、被束缚的感觉，而是留下了足够的空间让人发挥。

　　很多人可能都会忽略这么一个细节。在沃尔玛超市买东西，收银员会把找回的纸币、硬币及发票一并交到顾客手中，并向顾客微笑问好。但是在一些小的超市就会遇到不同的情形，很多收银员首先是将小票打印出来给顾客，然后单独将找回的零钱放在收银台上让顾客自己去拿。

　　有人会说，这是大企业培训工作做得到位。事实上，在沃尔玛的员工守则中，不会有具体的条条框框对员工的每一个动作、每一句话都做出规定。其中的道理很简单，做出规定很容易，但是具体到执行的个人就容易出问题。当每个动作甚至每次微笑都是靠强大的制度在支撑的时候，那这种服务顾客是感受不到热情的，甚至敏感的人会认为这是一种敷衍。那沃尔玛是怎么做的呢？在沃尔玛职工的工作证上写着一句话："相信你和你的同伴能够创造奇迹。"这是一句看似很普通的激励话语，但它比几十条上百条繁冗的制度更容易让人知道什么是这个企业所需要的。

　　事实上，心理学早就给管理"留白"提出了理论依据。有一个心理学派就认为，当人们看到一个不完满，即有"缺陷"或有"空白"的东西时，会情不自禁地产生一种紧张的"内驱力"，并促使大脑积极兴奋地活动，去修补和完善那些"缺陷"或"空白"，使之趋向完美。

　　中国人讲究刚柔并济，在管理的过程中也是如此。刚性的制度下必然会留下空白，而如何留，留出多大的空间，就要考验管理者的水平了。

制度上的留白是员工的舞台。当员工所需要的东西不再是简单的物质的时候，留下一定的空间让其发挥是一种极为有效的管理办法。他们会通过各种方式来实现自己人生的成就感。而他们的这种发挥，恰恰可以说是填补了那些空出的部分。以"服务神话"而收益颇丰的海底捞为例，虽然他们的细节已经做得非常到位了，但是他们的成功绝不是仅仅依靠硬性的规章制度取得的。在海底捞，员工会跳出基本的制度之外，主动去寻求自己还能创造什么。

比如，看到留披肩发的女士吃火锅的时候不太方便，就有员工提出在服务台准备扎头发的橡皮筋；有的员工看到顾客的手机常常在吃火锅的时候被弄脏，就提出要准备小巧的塑料袋等。对于这些细节，当初制度的制定者是很难想到的，而这，也恰恰是海底捞与其他商家拉开差距的制胜法宝。

这些服务，有的已经被海底捞写进了制度，但还有更多的细节等待被挖掘。海底捞的经验告诉我们，制度的存在并不能规范员工的所有行为，在制度的留白部分，还有很多细节需要注意。

因此，作为一名管理者，在管理的过程中也要讲究留白的艺术，淡化一些条条框框、优化一些管理措施，创造自由发挥的空间，让员工主动把细节做好。

◎ 用超前思维预见细节问题

所谓超前思维，是指对未来将要发生的事情进行思考，是一种类似预见的思维活动。从本质上来说，企业管理就是主观见之于客观的实践活动。管理在一定程度上来说，就是思维外在化的表现。因此，对管理者来说，拥有什么样的思维方式就会有什么样的管理方式，不同的思维方式，必然会导致不同的管理方式。坏的思维方式会导致管理上的疏忽、遗漏、失误，而好的思维方式则能够帮助管理者不断地认识新问题，能够加强在管理工作中的预见性，也就是说能够察觉在未来一段时间内可能会出现的问题。这就是一种超前管理。

管理要超前，超前管理是现代化企业对管理者最基本的要求之一，只有超前，才能预见一些细节问题，可以说没有超前，就没有管理。尤其是在客观情况较为复杂、变化较大时，超前管理往往会带来一些出乎意料的解决问题的方案。

人们常常用"神机妙算"来赞美诸葛亮，因为诸葛亮常常能够预见未来事情演变的方向，因而能够做到运筹帷幄，决胜千里。如著名的空城计，敌军兵临城下时，诸葛亮并没有惊慌，而是命令士兵打开城门，该打扫卫生的打扫卫生，该休息的休息，诸葛亮本人则坐在城墙上面，悠闲地抚着琴。司马懿见到后，不敢进攻，以为城中埋伏着大量的士兵。其实城中没多少士兵，司马懿只要下令攻城，很快就能把他的老对手诸葛亮拿下，但他不敢那么做，犹豫再三，最后退兵了。等到司马懿知道诸葛亮摆的是空城计时，差点被气疯。诸葛亮之所以敢摆空城计，就是预见到司马懿不敢进攻，而且诸葛亮做足了细节，如打扫卫生的士兵，如懒洋洋训练的士兵，悠闲弹琴的自己，正是这些细节上的表现让司马懿对城中有伏兵深信不疑。由此可见，科学的预见性对人们处理各类事务有着非常重要的作用。

在工作中，如果善于运用预见性思维，将会获得更好的效益。

曾经，网上有一则有关青岛下水道的报道非常火，网友竞相转载。

原来在青岛市原德国租界区，很多下水道都是由德国一家公司建造的，而现在这个下水道系统已经使用了 100 多年，很多零件都老化了。工作人员经过调查发现，当初承建下水道系统的德国公司已经淹没在历史中，于是工作人员向德国其他建筑公司询问，看是否有很好的办法来解决零件老化的问题。

很快，工作人员收到了一家公司发来的邮件，邮件称："按照德国企业的施工标准，我们常常会根据未来可能发生的情况，而提早准备一些解决方案。像你说的这种零件老化问题是最常见的，我猜得没错的话，在老化零件周围 3 米的范围内，应该可以找到备用件的。换上备用件，就可以使下水道系统恢复正常了。"工作人员在老化零件周围仔细寻找，果然找到了用油布包好的备用件，虽然时间已经过了 100 多年，这些零件仍然像是刚生产出来的一样。工作人员把零件换上后，下水道系统又重新恢复使用。

预见 100 多年后的事情，说起来是有些不可思议，德国人却做到了，并给出了相应的解决方案。不得不说，这种超前思维是使德国迄今仍为制造大国的原因之一。

在青岛市博物馆里可以看到一段德国租借时期修建的下水道。当初德国公司在修建下水道时，青岛远远没有今天这么发达，那时的青岛用沿海小渔村来形容更为恰当。但在修建下水道时，德国人并不是以沿海小渔村为依据，而是以未来的青岛为依据，因而当青岛逐渐发展起来，这些排水系统就渐渐发挥了作用。

实际上，这个下水道系统表面上是德国公司建造的，实际上它是由中国人建造的，它采用的材料来自中国，施工的工人也是中国人，当时德国人所提供的只是具有预见性的设计理念。无论是预见青岛会由一个小渔村发展为沿海大城市，还是预见多年后零件会出现老化的问题，无不彰显出德国人超前的眼光和未雨绸缪的远见。

如今青岛已经成为拥有几百万人口的大都市，而德国人在一百多年前设计的下水道系统，仍然在使用，这一点不得不让人赞叹。

既然超前思维如此重要，那么超前思维究竟从何而来呢？

第一，超前思维来自对细节的观察。

超前思维并不是天生的，很多时候，人们说的超前思维，其实就是凭借经验，对事物未来的发展趋势做出的一种判断。事物的发展并不是没有章法可循，而是有一定规律的，因而人们通过掌握事物发展的规律，就可以预见事物未来的发展，也可以知道事物过去的情况。

有家公司是专门生产机械产品的，这家公司卖的产品和别的公司不同，客户来这家公司买机械产品，公司会给予客户很多小零件。按照公司的说法，机械产品的零件都是有一定寿命的，通过观察，这家公司发现了很多未来可能会出现的问题，因而提前给出了解决方案。有人问，卖产品赠送零件，公司的利润会不会减少很多？其实这种做法并没有减少公司的利润，因为在多年后，当别的公司忙着给客户送零件时，这家公司只需要给客户打个电话，通知其换零件就可以了。这样一来，反而节省了不少成本。所以管理者要有一双善于观察的眼睛，从细节中发现问题。

有时管理者做不到用超前思维预见问题，就是因为管理者在遇到情况时，不善于观察，对于情况了解得不够深入，因而看不出可能发生的问题。管理者要想做到一叶落而知天下秋，就要对客观存在的情况有充分的认识，要透过表象看本质，要通过一些细节察觉出客观存在的普遍性规律。当管理者掌握了事物的普遍性规律，就可以预见事物未来发展的趋势，就能够预见到未来可能发生的问题，就可以有针对性地拿出解决方案。

因而，超前思维主要是来自对客观存在的事物的深刻了解，尤其是掌握一些细节上的问题，透过现象抓住本质，这样就能够预见其未来的发展趋势和可能出现的问题。要做到这点，需要管理者善于观察，主动思考，并且持之以恒。

第二，培养自己的超前意识。

超前思维大多来自后天的培养。管理者在管理过程中，可以根据自己的工作经验，对未来做出一些预见，从中发现一些问题。这种基于经验或者直觉的预见，是一种最基本也是最低层次的预见，这种预见能够发现的问题很少，因而作用很有限，而且这种方法也有可能带来失误。

另外一种就是创造性预见。这是一种较高层次的预见。随着时代的发展，管理者每天都要面对许多新事物，这些事物并没有固定的模式和规律，那么就需要管理者以发展的眼光来看待，创造性地对新事物的未来发展趋势做出科学的估计，从中发现一些问题，这样就可以对现有的管理方式进行调整，以避免未来因这些问题而造成损失。

第八章

塑造团队的向心力

人心难测。古往今来，人心都是人们最想要掌控却又最难掌控的东西。而对于一家企业、一个组织来说，让员工们心往一处想，劲往一处使，齐心协力共同奋斗便成了企业管理者们奋斗的目标。塑造好团队的向心力，管理者就再也不需要为人心难测而伤脑筋了。

◎ 企业文化，最重要的向心力

从某种意义上讲，企业文化概念的提出和兴起是现代企业管理发展的一个里程碑。而它的兴起，是因为原有的管理科学陷入到了一定的困境之中。

管理学作为一门科学，自泰勒创立起至今不过短短的百余年，但是它发展的速度是超出创始人预料的。特别是当代运筹学等新学科的出现，以及电子计算机的广泛应用，更使它如虎添翼。然而，就在鲜花和赞美声中，管理科学的危机悄然来临了。当工业大分工日益细化，被精确到流水线每个位置上的工人开始躁动，随着员工素质的不断提高，他们不愿意仅仅只做拧螺丝、按开关等简单而无趣的工作。工人们开始仇视由上而下指挥一切的直线等级制，不愿意使自己成为企业的一部"活机器"，任人摆布。

恰在此时，日本经济的腾飞引起了一向高傲的美国人的重视，在派出了大量的考察团后，美国人发现了问题的所在。美国企业竞争不过日本企业，其中的差距不在科学技术上，也不是财力和物力的原因，而是美国的管理没有日本的好。

专家在进行仔细对比后发现，美国企业倾向于战略计划、组织机构、规章制度等方面的硬件管理，缺乏对人的重视，因而管理僵化，阻碍了企业活力的发挥。反观日本企业，内部有一种巨大的精神因素在起作用。

一向善于标新立异的美国人，给日本人的这种管理方式起了一个响亮的有时代感的名词，即为"企业文化"。于是企业文化这个名词响彻了全世界。

文化这个词语的概念和范围是伴随着人类历史的发展而不断深化和丰富的。在不同的时代和地域，文化所代表的含义是各不相同的。但是大部分的学者对文化的认识有一些基本的共识，比如说文化是一种复杂的行为模式，是一种群体性的行为，它的核心是人们的价值观念。

弄清楚了文化的含义，解释企业文化似乎就不成问题了。简单来说，企业文化就是发生在企业中的文化，但实际上，对于什么是企业文化，专家学者们众说纷纭。但是绝大部分的人都认同这样的观点：企业文化就是企业在长期的经营活动中，不断总结成功经验和失败的教训，逐渐形成和发展起来的，其核心内容是企业精神和企业价值观。

企业文化的核心有两个，那就是企业精神和企业价值观。

简单来说，企业精神是企业文化中的本质要素，是众多企业员工的一种集体意识。

日本著名的东京西武百货公司有一条在外人看起来十分奇怪的激励措施，那就是公司的任何一个商店和办公室都贴着一张宣传画，画上是一个巨大的人头像，头上顶着一个小铁塔，塔尖向四周放射着光电，这叫作西武公司的"热情发电图"，象征员工对公司的热烈情感会化作巨大的智慧，像电一样给公司以巨大的推动力。通过这种激励方式，西武百货公司的员工常常做出意想不到的成绩。

还有这样一个例子，英国航空公司有一次因乘客人数不足，就让乘客改乘另一公司的飞机。所有乘客都同意，只有一位日本老太太，无论怎么说都不肯。无奈之下，英国航空公司就专门为这一位乘客飞行了这一航线。这一事件无论是对社会还是对公司本身都影响巨大。从传统的效益标准来看，英航的做法无疑是最耗成本的一种方式，但是英航公司失去的是物质，得到的是震撼企业员工心灵的企业精神的树立。

除了企业精神，企业文化的另外一个核心——企业价值观也不容忽视。可以说，企业文化的所有内容，都是在企业价值观的基础上产生的，都是其在不同领域的体现或具体化。

正如日本"经营之神"松下幸之助所说的那样：公司可以凭借自己高尚的价值观，把全体员工的思想引导到想象不到的至高境界，产生意想不到的激情和干劲，这才是决定企业成败的根本。

从上述分析可以看出，企业文化对于一个企业的生存和发展有极大的影响。后来的管理者之所以都不断强调企业文化，是因为企业文化具有一种非常重要的凝聚功能，也就是人们常说的向心力。

在现代企业中，企业管理中的分析、控制、定量化和标准化对企业发展的作用是早已经被证明过的，但还有一种力量是不容忽视的，那就是企业文化。企业文化可以塑造一种共同的价值观，形成强大的凝聚力，也能够催生群体意识，有效地推动企业的发展。

那这一切又是怎样发生的呢？

在企业这个群体中，个体虽然说具有相对的独立性，但也绝不可能超越群体而孤立存在。对于现代化的企业而言，群体需要个体的参与，从而发挥自己的作用，而个体也需要群体的支撑来实现自己的价值。这可以看作一个从观念到行动再到结果都有归属感的现象。

许多企业都喜欢搞利益共同体建设，无论这种举动是出于何种目的，是有意还是无意，其实都是在强化一种观念，那就是让个体向一个中心点集聚。

生活在某一共同体下，必然会受到特定企业文化的熏陶，如当某个员工说"爱厂如家"的时候，他在心底里首要盼望的当然是他工作所在的那个"厂"能像他的"家"一样温暖、可亲。

◎ 制定愿景，一路同行

在西方的教科书中，关于"愿景"的解释用了一幅非常生动的漫画：一只小毛毛虫指着它面前的蝴蝶说，那就是我的愿景。

从这个角度来看，所谓的愿景，可以说是涵盖了两层意思，一是指那些有待实现的具体意愿，二是指想要实现的未来蓝图。

具体到个人而言，个人愿景是一个人内心深处渴望实现的美好愿望和远大目标，也是一个人发自内心的追求及其终极目标。

与个人愿景不同，共同愿景是被组织成员所接受和认同的组织的愿景，是组织成员之间共同的理想和蓝图，也可以将其看作个人愿景的交集部分。用一句最简单的话来描述，那就是共同愿景描述了一个企业未来的可能性，员工相信它可以实现并愿意为之付出自己的努力。

个人愿景与共同愿景间的关系可以用另外一种方式解释。全息像的底片中的每一部分都能完整呈现影像，如果把每一部分合起来，整个底片反映的影像虽然不变，整体却变得更加清晰和真实。与此同理，每个人对于愿景可能有不同的意象，当有多人分享共同愿景时，愿景本身不会发生根本的变化，但会变得更加生动和真实。

一个企业要想产生巨大的向心力，树立共同的愿景是必不可少的。共同愿景对企业的作用就在于它使得原本互不相干的人走到了一起，协同工作，并产生信任感和亲切感。在追求共同愿景实现的过程中，所有员工都会激发出潜能，从而使企业发展获得源源不断的动力。

美国著名心理学家马斯洛晚年研究发现，一个出色的团体或者说组织的一个显著特征就是有一个共同愿景。共同愿景对于促进个体的学习、知识的共享都有着极其重要的作用。

说了这么多的共同愿景，那共同愿景对于管理者来说有什么作用呢？事实上，共同愿景就像黏合剂，它将具有个性差异的组织成员很好地凝聚在一起。或者从另一个方面说，树立共同的愿景能够创造众人一体的感觉，有利于朝着共同的目标前进。

一盘散沙是难以成就大业的，一旦树立共同的愿景，最明显的就是能够改变成员与组织间的关系，使成员心里想的是"我们的事业"而不是"他们的事业"。

一个人无论做什么样的事情，最致命的就是缺乏动力和信念。但是共同愿景可以解决这个问题，因为共同愿景是组织成员真心向往和期待的。在群体活动中，很少有什么事情能够像共同愿景那样可以激发出强大的力量。

而一旦建立了共同愿景，就能够孕育出强大的创造力和驱动力。它能够激发组织成员共同努力，追求卓越，这并不是一种被动行为，而是发自内心的自愿的行为。

除此之外，愿景意味着发展和奋斗的方向，它为组织或者企业提供了一股强大的驱动力。

从长远来说，愿景能够指出企业发展的方向，以及达到目标后企业将会获得怎样的成就。对整个企业来说，共同意愿就像是发展道路上的指南针，在遇到挫折、阻力甚至迷茫时，共同愿景可以使每个成员看清方向，认清目标。

20世纪60年代初期，美国总统肯尼迪宣布了太空愿景，那就是在10年内将人类送上月球。这种愿景，引发了无数勇敢者的行动，最终在20世纪60年代末成功实现了登月。

没过多久，美国一家叫作苹果的电脑公司也发布了自己的愿景，那就是设计一台更加适合个人操作的电脑。在这种愿景的刺激之下，苹果公司最后研发出来了麦金塔电脑，最终让电脑从实验室走向了普通人。

愿景的作用远不止于此，从某种程度上来说，愿景建立的过程，就是协调分歧、相互认同的过程。在共同愿景的号召下，组织内的成员能够放弃固有的心智模式，勇于承认自己的缺点，激发组织整体的活力。

爱尔兰剧作家萧伯纳曾生动地表达了这个想法，他说："生命中真正的喜悦源自当你为一个自己认为至高无上的愿景，献上无限心力的时候，它是一种自然的、发自内心的强大力量，而不是狭隘地局限于一隅，终日埋怨世界未能给你快乐。"

愿景是如此的重要，那如何来建设愿景呢？

在实际工作之中，由高层宣示的愿景常常会令人感到失望，因为这样的愿景即便是为员工着想，它本身也带有一定的强制性。如果一个愿景不是发自内心的，那很难达到预期的效果。

在制定共同愿景的过程中，最需要避免的就是以领导者的意志取代共同愿景，但是也不能忽略领导者的作用。如何来把握这种平衡可以说是领导者不得不面对的问题。

企业管理中，领导者有一个非常重要的任务，就是带领人们实现自己制定的愿景。而要想达到这种效果，制定对多数员工都具有刺激性的愿景是必不可少的。

当年拿破仑为了打败严重威胁法国安全的欧洲联盟，就经常使用愿景的力量来激励那些为他效命的士兵。

他说："我将带领大家到世界上最肥美的平原去，那里有名誉、光荣、富贵在等着大家。"

在这里，他没有以权威或者强权来压制下级，而是许给他们一个美丽的愿景，更为重要的是，作为领导者的拿破仑为了这个愿景身先士卒，与士兵共进退。

众所周知，创新已经成为一个老生常谈的话题。其实，在这个问题上，愿景的作用同样是不可忽视的。

比尔·盖茨早在 2001 年就曾预言平板电脑将成为美国市场上最流行的 PC 品种，而且微软当时也建立了平板电脑研发团队。但是当时负责 office 项目的副总裁拒绝改动相应的软件以让其能够兼容平板电脑，最终导致这一项目研发工作的终止。与此同时，有另外一家公司，将平板电脑的研发作为了整个公司的共同愿景，每位员工都为这一项目竭尽所能，最终开发出了 iPad 这个开启个人电脑新时代的品种。

这个故事再一次说明了一个道理：一个良好的愿景可以凝结团队的精神内核，激发团队的创新能力。

◎ 授予员工荣誉头衔

团队是否具有向心力，决定了团队的前景。

为员工塑造整个企业的文化、制定一个光明的前景是必不可少的，但另一方面，管理者也应该关注员工的内心需求。其实，员工为团队工作除了为薪酬，还为得到一种事业上的满足感。如果你能够满足员工的这种需求，那么无疑能够激励员工、凝聚向心力。

如何做？确实，时常夸奖员工是非常重要的，但仅靠这种语言上的夸奖远远不够。每个员工在工作中都抱有野心，他们希望不仅团队有光明的前途，自己也能有更光明的前途和更好的发展，而不是原地踏步。

员工的这种希望，是源自本性的需要，是一种自重感。更深入地对这种心理进行剖析，就会发现自重感包括内部自重和外部自重两方面。

内部自重简单来说可以理解为自尊，就是每个人都希望，无论在什么情况下自己都能满怀信心、独立自主、有实力胜任工作。外部自重则不是自己的感觉，而是希望得到社会地位和威信，希望获得他人的尊重、信任和肯定。

内部自重感或许管理者无法帮忙，但信任、肯定、地位这样的外部自重感，管理者是能够满足的。而且，当外部自重感得到满足后，员工的心境也会发生变化，会变得自信而独立。

做到这一点其实这并不难，就像给所有员工一个企业愿景一样，对待个人，只要给他一个合适的头衔，就为他个人制定了一个愿景，让他有了前进的动力。为了自己的前途，他自然会按照企业的发展方向前进，不知不觉当中，向心力便形成了。

给予员工一个合适的头衔并非纵容，而是一种科学的方法。从个体心理学的角度看，当一个人被赋予某种头衔，他会改变原先的自我认知。在潜意识中他会将自己和这种头衔进行统一，也会对自己有更多的要求，如果他没有按照头衔的要求去做，那么他就会产生认知失调的症状，也就是认知和言行之间产生冲突，这样会使他的心理出现不适感。所以，如果他获得了某种头衔，为了避免认知调导致的心理不适，他就会以积极的言行来极力维系头衔带给他的荣誉。

如果从社会心理学的角度来看，当一个人被赋予某种头衔，他会在心里为自己重新设定一种社会角色。为了证明这一点，心理学家津巴多曾经做过这样的实验：首先选择一些男性志愿者，然后将他们分成两组，一组的角色是监狱里的"看守"，而另一组则饰演"犯人"。大概过了一天的时间，所有人基本上都成功地进入了角色。再看这些人，他们也发生了变化，那些扮演看守的志愿者变得暴躁而粗鲁，甚至有人开始想办法对那些"犯人"进行体罚；而扮演"犯人"的志愿者则有三种变化，有态度消极、逆来顺受的，有积极反抗的，还有一些就像监狱中的"老大"一样去欺辱其他人的"犯人"。

这证明了人有一种将自身的言行与自己所扮演的角色统一起来的本能，这也说明了一点，每个人都无法抛开自己的头衔去做完全相反的事情，因为所有的行为都必须符合自己的身份。

头衔实际上是一种荣誉，有了头衔的人们会为此而付出更多的努力。聪明的管理者一定会懂得运用头衔，比如万特。

万特是纽约一家印刷公司的经理，在他的公司里有一位技师负责管理许多台打字机和其他日夜不停运转的印刷机。这位技师对工作非常不满，因为他觉得自己工作时间太长，而繁重的工作让他忍受不了，他多次向万特要求给自己增添一位助手。

万特既没有缩短技师的工作时间，也没有给他物色助手，而是想了另一种办法。他的办法不仅让这位技师高兴起来，改变了技师原有的态度，还让他取消了要求。

他是怎样做的呢？很简单，他给那位技师一间私人办公室，而办公室门外则挂着一块写着"业务部主任"的牌子，也就是说万特给了他一个头衔。如此一来，这名技师觉得自己不再是任何人都能随便使唤的普通员工，他升职了，成为了部门的主任，他有了自尊、自重的感觉。主任自然需要承担更多的工作和责任，所以他不再为自己的忙碌而抱怨了，每天都开开心心地工作。

其实头衔不一定就代表着升职，但确实能够给员工一种自重的满足感。在我们身边运用这一方法的管理者有很多。比如从前的业务人员都被叫作"推销员"，但现在很多公司业务人员的名片上都写着"业务代表""业务专员"或"业务企划专员"等，更有甚者上面还有主任、经理等头衔。

这是公司用来鼓励员工的方法，因为每个人都会被一些头衔吸引，比如"总监""督察""顾问"等，这些头衔无疑会让人感到心动。事实上，授予员工头衔并不代表着他工作内容的改变，但却具有提高他们社会地位的作用，这样一来他们会更加重视自己的工作，也会将更多的精力放到工作当中，从而发挥更大的潜能。

都说"人往高处走，水往低处流"，每个人都会本能地追求权力、地位，而显赫的头衔往往代表着这些。不要认为追求一个"虚名"过于幼稚，事实上它非常有效。

我们都知道在 19 世纪初的时候，拿破仑横扫了欧洲大陆。他的胜利自然离不开手下的将军和士兵，为什么这些人愿意给他卖命？因为聪明的拿破仑懂得授予头衔的好处，通过这样的方法，将士内心的自重感得到了满足，自然愿意竭尽所能回报他，从而完成拿破仑称霸欧洲的野心。

不仅仅是拿破仑，很多国王、将军都是这样的，而很多勋章的作用也是如此。在这些头衔面前，人们就像一个个争抢玩具的孩子，因为这是人类的一种天性。

所以，如果你希望员工不要脱团，保持着向心力不断奋进，那么你就要学会管理每一名员工，试着用头衔来满足员工，从而让他们保持向心力，并和企业一起进步。

◎ "乐在工作"的管理境界

管理学大师泰勒提出的科学管理，其最终的目的是降低成本，提高生产效率。这种管理手段所强调的是科学化和标准化，这在提高生产率的同时，也使工人的工作变得异常单调。

有研究表明，员工的工作绩效与在工作中获得的快乐感呈显著的正相关关系，而员工的工作快乐感又与其在工作中表现出的积极心理状态呈正相关关系。

管理从来就不应该是各种报表上冰冷的数字，一个员工对自己工作的积极性不仅取决于对工作的满意程度，而且更多地取决于能否在工作中感到快乐。

简单来说，就是要让员工积极参与到管理活动中来，逐渐获得自我实现，在本质上促进人的全面发展。

对于一家旅游公司而言，要想挣钱，最简单也是最直接的办法就是千方百计地取悦广大的游客。但是游客所接触到的大部分都是旅游公司的员工，那么，只有公司的老板取悦了自己的员工，员工才可能会取悦游客。

针对这样的情况，一家旅游公司的管理者策划了一个绘画活动。这次活动中，老板并没有马上告知员工自己的意图，而是分发给每个员工一盒包装十分精美的蜡笔和纸张，让所有的员工按照自己的想象来画一幅画。

活动结束后，公司收到了各式各样的作品，有景物、有动物、有人物，旅游公司决定从中挑选优秀的作品放在醒目处进行展出，一时间员工们兴致大涨。

此外，该旅游公司还创立了"和老板一起办公"的活动，定期抽取一名员工和公司老板一起工作，参加当天的会议、面谈等各项工作。这项活动取得了很大的成功，有人说"我当了一天总裁助理"，有人说"我过了把老板瘾"。而旅游公司的老板对此没有丝毫的反感，他说："每天身旁有一位员工在'实习'，也起到了监督的作用，使我工作起来更加兢兢业业了。"

此外，这家旅游公司还设立了各种新奇好玩的节日和项目，比如"牛仔装日"，在这一天，男士们不必西装笔挺，女士们更可花枝招展。

另外，公司还举办民俗服装表演比赛，获胜者可以享受免费出国旅游的机会。

这些措施看上去有些不务正业，但是收到了极佳的效果。这家旅游公司的营业额大幅度提升，游客投诉几乎绝迹。

在人员和组织结构并没有变动的情况下，一个公司能够发生如此大的变化，这肯定是有原因的，而这个原因就是快乐。

快乐是人类的一种深层次的心理快感，也是一种巨大的力量。在快乐的引导之下，员工能够全身心地投入工作，把组织的意志变成自觉行动。

任何一种管理理论都是建立在一定的人性假设基础之上的，只有认识了人，管理才有可能起到激励员工的效果。快乐管理的目的就是提高员工在工作中的幸福感，增强员工的向心力，同时也能提高团队的竞争能力。

湖南卫视可以说是我国省级电视台中发展最为迅猛的一个，而它所打造的"快乐家族"实际上就是采用了快乐管理的方式。

一个曾经在湖南卫视工作多年的人，曾在媒体上发出这样的感慨："湖南电视台创造快乐、享受快乐、传递快乐，在这里工作的每一个人都既是好同事，又是好朋友，人人拥有成就感。以快乐作为出发点，在创造'快乐'品牌的过程中，认识到在这个环境中自己是幸福的，自身的价值得到了体现，于是知感恩、懂敬畏，最终找到真正发自内心的、不会轻易被环境所瓦解的快乐的归宿感"。

虽然湖南卫视工作强度大是公认的，但是这并不影响管理者对快乐管理的推崇。台里建设了职工活动中心，经常举办各种体育比赛、歌唱比赛、旅游参观等活动，让员工"体会工作之余的快乐"；并建立创新奖励机制，目的是尊重人才、奖励人才，使人才获得创新的快乐。也就是在这种氛围之下，湖南台推出了大批以快乐为主要元素的精品节目。快乐文化成了湖南卫视独特的精神内核甚至是一种标识，从而将大部分竞争对手甩在后面。

作为老板需要赚钱，而员工也希望自己的付出能够得到相应的回报，但是这两者并不是一种互不相容的关系，更多的是一种相互依存甚至相互支持的关系。选择快乐管理，享受"乐在工作"的状态，可以最大限度地放松员工的心情，让他们将全部的身心都投入到工作之中。

对于管理者而言，让下属享受工作乐趣，让自己享受管理的乐趣，是一种非常美妙的状态。要想达到这种状态，顺畅的沟通是必不可少的。

松下公司特意制定了"三会"制度，也就是"朝会"、"恳谈会"和"信息员例会"。

这三个会各有各的用处。"朝会"属于每天都开的，会议的时间长短不一，内容多种多样，气氛也以轻松愉悦为主；"恳谈会"则属于放松性质，内容以娱乐和聚餐为主，目的是增进了解，舒缓和化解矛盾；至于"信息员例会"，每月一次，其目的是让职工发泄情绪，这种发泄可以涉及公司的方方面面，而这些问题将会被记录，问题涉及的相关部门也要在规定的时间内做出书面答复。

通过这种方式，松下公司的上下级关系可以说是相当融洽，无论是管理者还是被管理者都能以快乐的心态投入到自己的工作之中。

◎ 有效激励是塑造向心力的源泉

在管理学中有一个无法绕开的理论，那就是美国心理学家马斯洛的需要层次理论。

在这一理论中，一个人的需要分为生理、安全、社交、尊重、自我实现五个层次。前两种需要是人的物质方面的较低层次的需要，后三种需要是人的精神方面的较高层次的需要。

具体到员工的管理上来说，物质需求的满足是必须，没有足够的物质会引发不满，但是物质带来的满足往往是十分有限的。所以要想真正形成向心力，必须学会使用恰当的物质之外的激励方式。

不同层次的需求实际上是可以同时并存的，这些需求不是"有"或者"无"的问题，而是哪个方面的需求占主要地位的问题。从现实效果来看，领导者通过对员工的有效激励，可以明显感觉到员工的积极性被激发。

之所以要激励员工，其中一个重要目的就是设法使员工看到自己的需求和企业目标之间的联系，增强他们工作的动力。激励对于调动员工潜在的积极性，使员工出色完成工作目标以及不断提高工作绩效都有十分重要的作用。

根据前面提到的马斯洛的需要层次理论，一个人的需求是多种多样的，其中，尊重的需要是人的较高层次的需要。它表现为希望他人尊重自己，希望自己的能力和才华得到他人公正的承认和赞赏，要求在团体中确立自己的地位。

值得注意的是，尊重不只是尊重一个人的人格，还包括尊重人的价值，也就是所谓的存在价值。从这个意义上说，尊重就把个体和集体的价值和利益联系起来了。尊重个体的存在价值，就是尊重集体的存在价值。

美国一位著名的心理学家在出版的《工作与激励》一书中提出了一个期望理论。该理论认为：人的积极性是建立在人对未来目标期望的基础上的，个体的行为取决于对行为结果引起的满足感的期望。

根据这一理论，领导者用一个经过奋斗可以达到的目标对下属进行激励，应会收到很好的效果。

　　美籍华人物理学家钟致榕曾经讲述过自己在中学时代的一段经历。在钟致榕开始求学的时代，当时的社会风气并不看重学习。受这种风气的影响，学生上课逃课、考试作弊的现象十分严重。

　　一位责任心很强的老师，对这种现象忧心忡忡。一天他宣布，他要从全校的 300 人中挑选 60 人组成一个所谓的"荣誉班"。钟致榕很幸运地成为其中的一员。被挑选的同学从一开始就被告知，他们是因为有前途才被挑选上的。被选上的学生自然是非常的高兴，对自己的前途也充满了信心。

　　若干年后，这个班里的大多数学生在社会上的成就都很不错。到了后来，钟致榕见到当初主张分班的老师，而这位老师说出了抽签的秘密。实际上，当初选择的那 60 名学生，完全是随机抽取的。听到这样的真相，钟致榕先是感到惊愕，而后就释然了。

　　这个例子完美阐述了期望理论，而我们也见识到了有效激励的重要作用。

　　想要实施有效的激励，领导者的作用是不可替代的。他不仅要制定完善的激励措施并确保措施的实行，而且要在必要的时候，身先士卒，以身作则，用自己的实际行动来激发下属的积极性或者引导下属的行为。

　　李广是我国历史上著名的将领，他一直深受部下的爱戴。这不仅因为他善于打仗，更因为身处绝境之时，他总能够以身作则。

　　史载一次李广率领 4000 骑兵，被匈奴左贤王 40000 骑兵包围。面对这种情况，李广手下的将士非常害怕，一致认定面对这样多的敌人肯定是凶多吉少。但是李广派他的儿子李敢亲率几十名骑兵直穿匈奴兵阵，又从其左右两翼冲出。李敢回来报告李广说："匈奴很容易对付啊！"士兵们这才安下心来，坚持到援兵到来。

李广的举动其实是非常具有代表性的，而这种领导以身作则的事例在国外也很常见。

美国克莱斯勒汽车公司前总裁亚科卡，在公司濒临倒闭时，把自己200万美元的年薪降到1美元，以示与公司共命运的决心。面对这种情形，整个公司呈现出来一种坚定向前的信念，十几万人几乎没人逃避现实，都为公司的重新崛起而顽强工作。通过上下一心的努力，这家濒临倒闭的公司最终重新焕发生机。

有效激励的作用是如此的巨大，但是很多领导者并不知道如何去使用这样的方法，如果忽略一些实施的要点，这种方法很可能没有效果，甚至起负面作用。

首先，要注意的是完善一些基础性的工作。

举个简单的例子，假如一个公司没有科学健全的岗位规划和岗位分析，那么就很难保证对不同岗位的人的工作进行一个公平公正的评价，同时也很难建立一套完善而合理的绩效考核制度。一份好的绩效考核制度将会对员工产生积极的激励作用，反之则会影响员工的积极性。

其次，要注意的是激励并不等同于奖励。

很多领导者简单地认为激励就是奖励，因此在设计激励机制的时候，往往只是片面地考虑正面的奖励措施，而轻视甚至不考虑约束和惩罚措施。从字面上看，激励有激发、诱导之意，但是这并不能等同于奖励。从完整意义上来说，正确的激励包含激发和约束两个方面。

最后，要注意的是激励要与时俱进。

2004年，微软放弃实行了17年之久的发放股票期权方式，代之以实施限制性股票奖励为主的长期激励方式，所奖励的股票所有权将在五年后转交到员工的手中。与此同时，微软还进行了另外一项重大变革，那就是变更了公司高层管理者的绩效考核体系，至此微软全球薪酬体系变革拉开了帷幕。

事实上，自1986年微软在纳斯达克上市以后，微软一直实行的就是以期权为主的激励方式，也正是这种方式使得微软造就了一大批的百万富翁甚至千万富翁。

那微软为什么要进行改革呢？原因其实很简单，对于像微软这样的知识型公司而言，员工的创造性和敬业程度是公司赖以持续发展的动力，如果现有的薪酬体系无法起到正面激励的作用，那就只能大刀阔斧地改革。

◎ 给员工披上一件美德的外衣

在塑造团队向心力的过程中，激励员工是必不可少的一个过程。除了给予他各种各样的物质上的奖励外，还有很多精神上的鼓励，比如你对他的态度，就是其中的一部分。

在对待他人的种种态度中，再也没有比歧视和冷眼相待容易断送一个人的了，也再没有比赞赏和认可更能鼓舞一个人的。名誉就像是我们的外衣，当我们的穿着破烂肮脏时，我们不会介意坐在地上；可是当我们的穿着名贵高雅时，我们的举手投足都会相应地优雅起来。

所以，想要对方表现出什么样的美德，我们就要先假定对方拥有这样的美德。换句话说，你希望你的员工有怎样的美德，就要先假定他有这样的美德。

有个叫琪德的太太，雇用了一个名叫妮娜的女佣。就在女佣开始正式工作的前一天，琪德太太从这位女佣的前雇主那里了解到，妮娜之前的工作表现并不让人满意。

当妮娜正式来上班时，琪德太太告诉她："妮娜，之前雇用你的那位太太跟我称赞了你好久。她说你不仅诚实，而且会照顾孩子，做饭还非常好吃。不过她也说你有点邋遢，不擅长打扫卫生，我本来有点担心，不过看你今天衣着如此干净整齐，我相信你打扫房间也一定不会让我失望。"

结果，妮娜果然表现得非常出色——为了匹配得上琪德太太给她套上的这件美德的外衣，她宁愿自己工作得辛苦些，也不想让人觉得自己名不副实。

莎士比亚说过："如果你想获得某种你所没有的美德，那么首先要做的，就是假装你有。"

就像童话《国王的新衣》中说的，当国王相信自己身上有衣服时，他可以骄傲地巡游展示自己。而被一个孩子戳破他根本没穿衣服后，他丧失了这份自信，虽然还在勉强坚持巡游，却没有了原本的得意和气势。

美德也是一样，当你告诉一个人你坚信他具有某种美德时，他也就穿上了这件美德的外衣，会做出相应的举动；可是一旦我们用怀疑和提防的眼光去看待他，就将他推向了相反的道路。

给对方披上美德的外衣，假定对方拥有某种美德，为了维护这样的名誉，对方也就会尽最大的努力去让自己的行动和这种名誉相匹配。

在之前看过的一本书中，作者讲到了一个人称"洗碗玛丽"的比利时女佣的巨大改变。故事大致是这样的：

"洗碗玛丽"是隔壁饭店负责每天给我送来饭菜的女佣，因为她相貌丑陋，所以十分自卑，做事也总是畏畏缩缩的。

一天，当她像往常一样给我送食物时，我问她："玛丽，你知道你内心拥有多少美好的特质吗？"

玛丽愣了一下，把饭菜放在桌子上，叹了口气回答道："太太，我不知道，我没有想过……"

可是就从那天之后，玛丽开始有了改变，她那原本因自卑而总低垂的头慢慢抬了起来，见人也有了笑容，不再冷冰冰的。那些原本都不理她的饭店其他员工开始和她成了朋友，她也开始注意整理自己的妆容和仪态。

几个月后，当我已经忘了那天跟她说过的话时，玛丽突然告诉我："我要和厨师的亲戚结婚了！"她向我道谢，说我的一句话改变了她的一生。

在美国，有这样一句俗语："如果你不给你的狗取一个好名字，那不如直接勒死它算了。"

名誉、美德是每个人都会看重的东西。作为管理者，如果你对你的员工没有正面的肯定，永远都只是负面的评价，那么你的员工就会像你批评的那样，离团队越来越远。如此一来，你团队的向心力将无从谈起。

如果你当着一个人的面从地上捡起一张百元钞票，那个人不会表示不满；但是如果你从一个人手中夺走一张百元钞票，那对方一定会十分愤怒。这是因为，一个人保护他所拥有的东西的动机远比一个人追求他没有的东西的动机强得多。

对美德和名誉也是一样，只有先赋予员工这样的美德，员工才会努力保护这样的名誉不再失去；而如果员工认定自己本就不具备这种美德，他们自然也就不会以这样的美德为标准来行事。

在你的团队中，员工无论身处哪一层，只要你赋予他相应的美德外衣，他都会竭尽所能让自己和那件外衣相匹配。

就像某监狱的监狱长说的那样："面对鸡鸣狗盗之辈，只有一个办法可以彻底地改变他，那就是将他当作一位正人君子来对待。只有让他感受到自己被看作一个尊贵可信的绅士，他们才会为了不让你失望而尽力扮演好这样的角色——直到真正成为一个这样的人。"

不要一味从物质上给予员工激励，而是要真正了解他想要什么，给员工穿上一件美德的外衣，用这件衣服来"控制"你的员工，让他和团队一起进步，进而成为团队中不可或缺的前进动力。

◎ 相信团队的力量

企业向心力的形成，离不开团队的力量。

事实上，如果一个企业缺乏向心力，也就没有团队一说。如果一个团队没有向心力，就不可能完成组织交给的各种任务，自身也就失去了存在的条件。

美国的一位社会心理学家认为，一个团队在形成之初就自然地具有一定的吸引力，这种吸引力主要表现在以下几个方面：

首先就是团队本身对于成员的吸引力，这包括团队的目标方向、组织形态等各个方面。如果这方面的条件适合其成员，那么这个团队的吸引力也较大，反之则较小，甚至会导致一些成员脱离团队。

其次是团队有能够满足成员多种需求的吸引力。这种满足不仅仅是物质上的满足，更重要的是心理上的满足，一种渴望得到尊重和认可的需要的满足。

一个具有凝聚力的团队，往往能够带来高绩效，也能够使整个企业的发展更加平稳。

企业的稳固发展需要向心力，而这种向心力的表现可以大致分为内部和外部两种情况。团队向心力的外在表现就是团队的荣誉感以及团队的地位。团队的荣誉感主要来源于工作目标，团队因工作目标而产生，为工作目标而存在。因此，必须设置较高的目标，以较高的工作目标引领团队前进的方向，使团队成员对工作目标形成统一和强烈的认识，激发团队成员对所在团队的荣誉感。与此同时，还可以引导团队成员的个人目标与团队的工作目标尽量实现统一，增大团队成员对团队的依赖，使团队变得更加高效。

团队向心力的内在表现，就是团队成员之间的融洽度以及团队的士气。良好的人际关系是人们日常生活中不可或缺的润滑剂，如果能够采取有效措施增强团队成员之间的融洽度与亲和力，形成高昂的团队士气，无疑会形成一支极具战斗力的团队。

值得注意的一点是，团队是开放的，在不同阶段都会有新成员加入，较高的团队凝聚力会让团队成员在短期内树立起团队意识，形成对团队的认同感和归属感，缩短其与团队的磨合期，从而提高团队的工作绩效。

众所周知，日本人的团队意识是比较强烈的。关于这一点，我们从日本公司的名称就能够看出来。在日语中，日本人把公司称作"会社"，

"会社"这个概念本身就具有"大家赖以生存的集团"的含义。从这里我们可以看出，在日本人心中，一个企业就是一个命运共同体。

丰田是世界上知名的汽车公司，分析丰田的经营活动我们可以发现一个特点，那就是公司的整体性，也就是人们常说的团体性。

简单来说，丰田的成功得益于以下两个方面：第一，全公司的品质管理方式；第二，提案制度。

在品质管理方面，丰田并没有将劳资双方尖锐地对立，而是保持密切的关系。丰田公司大力提倡劳资双方要同心协力，共同搞好群众性的品质管理小组活动，共同为提高品质、降低成本而努力。

提案制度是丰田公司最大限度发挥员工积极性的重要制度，目的是树立员工的整体意识，即所有的丰田人其实就是一个大团队。丰田公司还设置了"提案箱"，公司审查委员会每月进行一次评议，对优秀提案给予必要的奖励，根据提案的内容和水平，支付提案人 500 日元至 20 万日元不等的奖金。

观察这两种制度，我们可以得出这样的结论，不管是丰田公司的品质管理方式还是提案制度，都体现出"群体性的经营管理活动"的特色。在这种团队活动中，同时包含着企业本身的目标和员工个人的努力方向，而这两者是紧密地联系在一起的。

当每个丰田员工都通过品质管理、提案制度等活动，参与到公司独特的生产体系中时，就会对公司产生一种天然的认同感。当公司员工看到公司的目标和个人目标都能得以实现时，他们会受到感动和激励，并产生继续上进的新的动力，更加意识到自己的责任。这使得丰田公司具有众多欧美公司所没有的向心力、凝聚力和稳定性。

作为一个团队或者企业的管理者，应该如何提高团队的凝聚力呢？

首先，就是学习，学习的目的是保持团队的心理健康。

这里的学习主要包括两个部分，一个是内在成长，一个是外部成就。内在成长和外部的成就都是十分重要的。简单来说，外部成就可以树立企业的良好形象，鼓舞员工士气；内在成长可以提升员工参与和创新的程度，培养企业的创造力。

其次，就是利用企业文化，维护团队的精神健康。

团队内部互相连接的纽带是强有力的、有价值驱动的文化。当团队的每个成员都能够认同企业文化并且致力于实现共同愿景，他们就会聚集在一起，自觉维护企业的稳定。

最后，就是加强团队内部管理。

这包括团队的领导方式、激励方式、沟通方式等方面，这是人们都能注意到的事情，还有人们不常注意到的，就是团队内部的规范。虽然人们拥有同样的信念会组成一个团队，但是如果一个团队缺乏一定的规范，肯定会影响到团队凝聚力的形成与提高。如果制定有效合理的团队规范，就会在一定程度上约束成员的行为。

事实上，高凝聚力的团队一般较易产生共同规范；相反，低凝聚力的团队一般难以形成共同规范。

第九章
高效创新才能高效发展

　　这是一个创意为王的时代，在高频率的信息轰炸之下，只有足够亮眼的创意才能吸引人们的注意。作为一名管理者，你必须开阔自己的视野，开动自己的脑筋，因为因循守旧、墨守成规的人，注定会被时代的潮流所抛弃。

◎ 让创新成为习惯

人类创新的动力来自哪里？首先要说的是，这并不是一个时尚问题，而是一个生存问题。

人类之所以能够从茹毛饮血的远古社会发展到如今多彩的新时代，创新是其中最根本的推动力。创新首先是为了生存和发展，而不是简单地满足自身对新事物的好奇心。创新能帮助我们提高解决问题的能力，同时发现和创造新的事物，进一步满足现实生活的需要。

企业的创新同样如此。创新不是一种时尚，它不仅仅是向人们展示自身对行业前沿的追逐，更是生存与发展的需要，是用新的能力、策略和产品来让企业赢得竞争，占领市场，帮助企业获得更好的生存发展空间。

当今时代，生存是企业经营的首要目标，企业如同人一样，只有生存下去，才能为社会做贡献。正因为如此，创新应该成为一个企业安身立命、实现长远发展的看家本领。

只有将创新意识深入企业的骨髓，变成一种DNA，企业才能在任何环境下都能创新。

如果企业没有养成良好的创新习惯，要想持续保持或者临时学习创新能力是很难的，一旦遭遇严重困难而来不及创新，企业就难以生存。

企业要想培养出创新的习惯，必须要进行综合体系建设。只有实现了上下联动，多方配合，才能为创新建立一个良好的环境。这个环境实际上就是企业的一种创新文化。纵观全球知名企业，无论是 IBM、苹果、HP 还是 3M，创新都是它们发展的不竭动力，而支持创新的，就是企业强大的创新文化。

创新文化是企业文化的重要组成部分，这种文化的建立，必须要依靠企业在制度上和思想上的长期努力。

一个具有创新习惯的企业一定要有一个合理的人才选拔制度，实际上现在的企业在人才的选拔上就很注重本身具有创新意识的员工。毕竟，创新的主体是人，具备创新意识，无疑为这个人在工作方面的创新提供了基础。一些企业在面试时就会通过一些方式，来检验应聘者是否具有创新能力。

这种从源头上抓起的方式，对企业打造强大的创新文化具有重要的作用。毕竟，那些有创新意识的员工比起那些本身缺乏创新意识的员工，要更容易培养，企业为此所花费的时间和精力也会更少。

在拥有了那些具有良好创新意识的人才之后，企业必须从制度上来对这些人才的创新要求进行明确，让每一个员工都明白创新对公司未来的发展和自己的生存有多么重要的作用。只有这样，员工们才会从心底产生一种创新的潜意识，在工作中懂得用创新的眼光来看待问题，用创新的手段来解决难题。

当然，创新习惯的建立应该是不断调整和优化的过程。就像一个人的生活习惯一样，要想养成一个好习惯，就必须在习惯形成之前不断向好的方向发展。企业创新不是追求时尚，更不是作秀，所以每一次的创新都应该为更好地解决实际问题服务，不能只是为了创新而创新，要避免让创新变成点子大会，否则数量再多也只不过是相同层面的另一种解决问题的方式，毫无创新价值。

创新更不能脱离实际，如果一个新方法在现实中完全做不到，那么创新也将变成海市蜃楼，同样没有价值和意义。

只有鼓励企业中的人才立足于工作需要，形成具有前瞻性和改良作用的创新，才能对企业带来实实在在的利益。

苹果公司是当今高科技企业中的佼佼者，但是它最令同行和消费者尊敬的并不是它的资产规模和销售业绩，而是它无所不在的创新意识，这种意识让苹果公司将创新变成了一种习惯。

当苹果公司的日常运转都已充满创新时，它的强大就自然而然地形成了。实际上，其庞大的资产规模和惊人的销售量同样源自创新。

苹果前 CEO 乔布斯给世人留下的最深刻的印象就是其强烈的创新意识。乔布斯有句经典名言：是否创新是鉴别一个领袖和跟风者最重要的标志。

苹果公司每一次发展上的飞跃，都是由技术上的巨大创新所推动的。过去的 10 年，苹果获得了 1300 项专利，相当于微软的一半，相当于戴尔的 1.5 倍。

乔布斯无疑是一个好的企业领袖，正因为如此，他才能将自己的创新意识灌输到每个员工的心中，从而为苹果公司营造出一种良好的创新氛围。

今天的苹果公司，最早是一家电脑公司，至少从目前来看，我们已经很难发现这个公司原来的痕迹了，这本身就反映出苹果公司强大的创新能力。缺乏了这种创新，苹果公司不可能有勇气和能力来承受巨大转型带来的阵痛。

苹果公司之所以能有今天的成就，不仅仅是因为企业具有强大的创新能力——实际上这种能力很多企业都有，更在于他们将创新变成了一种优秀的习惯，因为苹果公司的创新是有效和全方位的。

产品和技术研发方面的强大创新能力是苹果的核心竞争力。虽然苹果是电脑公司起家，但强大的创新能力使其不断将推陈出新，引领潮流，并使其从最初单一的电脑公司，逐步转型成为高端电子消费品生产和服务企业。

哪怕面对强敌，苹果也没有改变自己的创新习惯。在微软 Windows 操作系统和 Intel 处理器称霸市场的情况下，苹果依然坚持推出了自己独立开发的系统和处理器，这种看起来像是鸡蛋碰石头的鲁莽行为，却出人意料地获得了成功，不仅得到了大批设计人员的青睐，而且最后得到了大众的认可。

iPhone 的推出更是苹果的惊世杰作。2007 年智能手机已经逐步成为发展趋势，而此时的苹果只不过是刚涉足此领域的新手，但强大的创新能力让苹果公司最终成为这一潮流的推动者。

在 MP3 领域靠 iPod+iTunes 大获成功后，苹果紧接着在手机市场进行 iPhone+App Store 的组合，通过在产品、性能、操作系统、渠道和服务等方面的差异化定位，一举击败其他竞争对手。

2011 年 2 月，苹果公司击败世界手机业老牌霸主诺基亚，成为全球第一大手机生产厂商，成功打破诺基亚连续 15 年销售量第一的地位。

苹果公司不但在产品和技术领域展现了其创新能力的全面性，它的创新能力甚至覆盖了公司的所有环节。比如在产品的营销方面，苹果公司针对产品的现实状况，创造性地推出"饥饿营销"，让很多消费者被它牵着鼻子走。苹果手机在饥饿营销的推动下，成为消费者心目中的高端商品，为了得到苹果手机，很多消费者彻夜排队，成为产品的忠实粉丝。

另外，针对苹果产品在技术上相互补充和配合的特点，苹果公司还进行了捆绑式营销，iTunes 对 iPod、iPhone、iPad 和 iMac 的一系列捆绑，既让用户全方位体验了苹果产品的多样性，也让用户对其产品产生了更强的依赖性。

在商业模式的创新方面，苹果公司同样不甘落后，几乎从涉足这个新的领域以来，苹果 "iPod+iTunes" 的组合就开创了一个新的商业模式，将硬件、软件和服务融为一体。"iPod+iTunes" 模式的成功，使苹果看到终端内容服务的巨大市场潜力，正因为如此，苹果公司适时进行了整体战略转变，让企业从纯粹的电子消费产品生产商变成终端综合性内容服务提供商。

从这里我们可以看出，正是苹果公司良好的创新习惯，才让它的创新展现出全面性和组合效应。就如一个人的习惯一样，一旦习惯养成，将会对这个人的行为方式产生全面的影响。

任何企业，都应培养出良好的创新习惯，同样应该将创新的意识贯彻到每一个部门的员工，只有这样，企业的创新才会遍布企业运营的方方面面。

如果企业只是在某一个部分实行创新，而没有其他方面的配合，这些创新也不一定能够发挥全部的价值，甚至会因为其他方面的缺陷而使这些创新毫无价值，这显然不是一种好的创新习惯。

苹果公司创新习惯的形成，得益于乔布斯本人强烈的创新意识，以及其个人的领导魅力对全体员工所形成的有效意识灌输。其他企业也可以通过全方位的制度和管理建设以及思想意识的培养来达到这样的效果，一旦形成良好的创新习惯，企业将会在全面创新机制的推动下，不断实现飞跃。

◎ 创新并非都是从无到有

创新是什么？也许每一个人都会给出不同的答案。很多人会下意识地回答，创新就是通过创造产生新的事物。但事实并非如此，现实中的创新大多数都是对现有事物进行优化，比方说通过展现更多的价值，将原有的物品由简单变复杂。

因此，创新并不都是从无到有的。从另一个方面来看，只要我们面对的是具体的事物和问题，创新的条件就具备了。我们不必要再变出一个新的东西出来，只要对它们进行优化，我们就实现了一次创新。

创新从来不是那些科学家和高智商人士的专利，而是藏之于每个人身上的意识和能力。

伟大的物理学家爱因斯坦，小时候被周围的人认为是一个笨小孩。有一次，老师给小爱因斯坦和他的同学们布置了一个家庭作业，就是让他们回到家之后，用泥巴做一个小板凳。第二天上课，当小爱因斯坦亮出他的家庭作业时，老师失望至极，她表示这是她见过的最难看的板凳。爱因斯坦随即表示了反对，并拿出了前面做的更丑的板凳。

从这个故事我们就能看出，小爱因斯坦也许并不是一个心灵手巧的孩子，但是他有一个巨大的优点，那就是他看到了自己具有创新的能力，更重要的是他有强烈的创新意识。也许正是这种意识，帮助他在物理学上成就了非凡的建树。

创新并非都是从无到有的，这不仅对个人适用，对任何企业也都适用。

很多企业都会以市场成熟、产品可附加值低、企业规模小、没有研发资金甚至员工素质不高来为企业在创新方面的不作为找借口。创新并不是让企业一定要创造出一个全新的产品，对生产和管理环节的不断优化同样也是一种创新，我相信，这样的创新能力每个企业都有。

既然有，为什么不发挥出来呢？对一个企业来说，一次发展的飞跃并不需要靠创造一种全新产品来实现。生产和管理环节的不断优化，同样能由量变产生质变。只要企业带着这种意识去发展，就会发现企业的任何环节都有创新的条件和必要。

在一次高科技产品技术汇展上，两个会跳太空步的机器人成为最大的亮点，吸引了很多人驻足观看。这两个机器人动作灵活，有摄像功能，能进行远程遥控，还有较强的监控能力，能起到防盗的作用。

令人意想不到的是，这种高智能的机器人并不是国内那些知名高科技企业生产的，它的生产商只是一个小型企业。

这家企业的销售经理王安告诉记者，企业的启动资金只有几万元，企业刚成立时大家挤在一间小屋里，办公环境很差。但企业从建立之初，就致力于拥有自己的自主知识产权。从技术较为简单的汽车机械臂制造开始，逐步提高其技术含量，并一步步迈向高技术电子产品的生产。这两个机器人就是公司最新的研究成果，也是多年来从汽车机械手臂生产中积累的技术经验的结果。

由此我们可以看出，对企业来说，创新的空间和机会有多大！如果企业不把创新当成一种高难度和高投入的战略行为，而是视为日常运转中的家常便饭，企业就能在任何环节实现创新。

亚默尔是美国一个普通的实业投资人。1875 年春天，亚默尔像往常一样在咖啡厅里边喝咖啡边看报纸。

这时，中缝的一个小"豆腐块"吸引了亚默尔的注意。新闻的大意是：据小道消息，墨西哥可能发生了猪瘟。

看到这个消息，亚默尔两眼放光，他认为商机来了，立马打电话给自己认识的一个兽医，约他去墨西哥旅游。

莫名其妙的兽医朋友跟着亚默尔来到了墨西哥，亚默尔说出了来到这里的目的，就是想让这位兽医朋友确认一下这里是否真的发生了猪瘟疫情。通过这位兽医朋友的检验，亚默尔得到了肯定的回答。

于是亚默尔立马赶回去，用自己全部的积蓄购买了大量的佛罗里达州和得克萨斯州的肉牛和生猪，并把这些牲畜运到了美国的东部地区。

不久，墨西哥的猪瘟疫情就蔓延到了美国西部的几个州，为了避免疫情进一步蔓延，美国政府下令，美国西部的牲畜禁止食用，所有牲畜产品全部由美国东部提供。由于市场上猪肉和牛肉供应紧缺，亚默尔囤积的牲畜价格大涨，一下子就赚了上百万美元。

在这个故事中，亚默尔并不是一个企业的领袖，他的背后也没有庞大的智囊团，但他还是凭借其敏锐的市场嗅觉抓住了这次商机。而如果没有创新意识的挖掘，那个新闻也只不过是一条毫无价值的小道消息而已，由此可见创新意识的巨大能动作用和价值创造力。

我们也可以看到，要实现这次创新并不是一件难事，由墨西哥的猪瘟疫情想到其会蔓延到接壤的美国西部，然后再想到西部的猪肉和牛肉不能食用。这些逻辑推理几乎都是生活常识，每个人稍微推理就能得出东部肉贵这样的结论，但是能提前发现并很好地利用这一事件的人并不多。

从这个故事也可以看出，只有意识到自己有这种创新能力，并带着创新意识去面对生活，我们才有可能产生创新行为。

创新的机会无时无刻不出现在我们面前，作为企业的管理者，只要带着发现和创造的眼光去看待市场中的每一个事物，都可能找到创新的机会。当企业从那些看起来普通的信息中看到商机，企业就等于实现了一次创新。

所以说，不管是什么企业，如果理所当然地认为自己没有创新能力，或者只是狭隘地把创新理解为创造一种全新的产品，那么企业本身所具有的创新能力和创新意识就会被隐藏和掩盖，所有的创新机会也会被放弃。这样的企业既不能意识到创新能力的存在，又看不到创新带来的现实意义。

◎ 会创新的企业永远年轻

很多外行人喜欢用企业的成立时间来判别企业的新旧，认为成立时间长的企业是老企业，而刚成立的企业就是新企业。

如果我们仔细留意一下各国的企业发展历史就会发现，成立时规模相同的企业，它们发展的轨道和存在的时间却大相径庭。很多企业经过几十上百年的发展依然活力十足，看起来前途无量；有的企业成立没多久就未老先衰，甚至夭折。由此可以看出，企业的新旧程度和企业成立的时间长短并没有特别大的关联性。

还有些人会依据企业所涉足的行业领域的新旧来鉴别企业的新旧，

这样的判别看似有一些道理。但是从整个社会的产业发展进程中我们可以看出，任何的旧产业都是曾经的新兴产业，而当今的新兴产业也会变成未来的夕阳产业，不过只要有机会和需要，这些夕阳产业同样会进行产业的优化升级，重新焕发出第二春，或者衍生出一个新兴的产业。事实上，每一个新兴产业的出现都是建立在老旧产业的基础上的，这种由老入新的转变就需要创新来推动。

市场中每个产业的优化、转型和升级，企业都是最重要的参与者和推动力量。一个真正懂得创新的企业，会紧跟行业的步伐，让企业的发展和整个行业的发展同步，甚至通过积极创新，引领整个行业的发展。这样的企业永远不会显得老旧，无论成立的时间多长，它们都会是这个行业中的新锐力量。哪怕所处的行业已经完全被市场淘汰，这些懂得创新的企业也会通过转型实现重生。

可以看到，很多成立时间很长的著名企业，它们现在从事的行业已经完全和当初刚成立时从事的行业没有关系了，这种转型实质上也是一种创新，每一次的转型都是企业的一次新生。这些企业和同行业新成立的企业没有任何差别，这样的企业反而会因为创新带来的强大的适应性显得更有生命力，正是不断的创新升级让企业保持了自己的年轻和活力。

说起联想集团，人们会很自然地想到笔记本电脑和手机，但是很少有人将它和中国科学院计算技术研究所这样一个国有老牌单位联想在一起。

现在看起来依然充满青春活力的联想集团，其实已经到了而立之年。联想是中国科学院计算技术研究所 1984 年投资 20 万元成立的一个计算机公司，最初成立时只有 11 名员工，大家挤在一个租来的传达室里办公。

虽然规模很小，办公环境简陋，但创始人柳传志给它起了一个富有传奇意义的名字"联想"，并使用了"Legend"这一单词来作为企业的英文标识。

正是靠着对未来发展的畅想，联想公司从成立之日起，就一直以科技创新为企业发展注入动力，比如成功将英文操作系统翻译成中文的联想汉卡，随后开发出能够一键上网的个人电脑，联想公司一直站在国内IT领域的前沿。

1994 年，联想成功在香港上市，正式成为一个股份制公司，这一次的上市为企业的融资和未来的国际化发展奠定了基础。从 1997 年起，联想公司的个人电脑销量连续 8 年保持国内同行业第一，其销售份额占整个市场的三成。

2003 年 4 月，联想集团决定使用新的英文标识，对外宣布用"Lenovo"来取代原来的"Legend"，并在全球范围内进行了注册确认。"Lenovo"这个新的英语标识也代表了联想集团不断开启新篇章的决心和勇气。

2005 年的联想集团进行了大手笔的收购。同年 5 月，联想集团完成了对 IBM 个人电脑业务的收购，这两家公司的合作也标志着新联想的诞生。

不断创新的联想集团不仅仅满足于在个人电脑领域的发展，还将企业的发展伸向了其他领域。以手机为例，联想手机虽然看起来只是联想集团的副业，但是通过不断的创新发展，如今联想手机已经成为能够和个人电脑相提并论的重要组成部分。据美国市场统计机构 Gartner（高德纳咨询公司）2013 年年末发布的报告，2013 年前三季度的世界智能手机销售量的排名中，三星和苹果毫无悬念地成为冠亚军，而排在第三位的正是中国的联想，其前三季度的全球销售量达到 1288 万部，全球市场占有率为 5.1%。

而在平板电脑这一领域，联想集团同样斩获颇丰。2013 年年底，一款名为 YOGA 的联想平板电脑在全球亮相，一上市就在全球取得了月销量 100 万台的成绩，独特的卷轴支架设计更是赚足了眼球，国外媒体这样评论：联想来袭，苹果、三星靠边站。

联想并没有满足于此，现在的联想研发团队已经进入 YOGA2 的设计中。几十款设计被放到联想的技术平台上进行反复的斟酌挑选。

尽管已经功成名就，但联想从来没有停止发展创新的脚步。当今的联想集团已经让人很难看到原来企业的影子，正是不断的创新升级，使已过而立之年的联想集团给世人展示的永远是年轻和活力。

对每一个企业来说，成立时间的长短永远都不应该是判断自己是否年轻的标准。不管成立时间多长，都不应该墨守成规，更不能将它当成不创新的借口。不管成立的时间多短，都应该懂得创新，不要认为企业刚成立，企业的一切都是新的，没必要创新。否则，不管企业成立时间长短，都会因为没有创新的推动而落后于时代的发展，最终被市场淘汰。

相关研究报告显示，当今世界 500 强企业的平均寿命是 40 年，欧美发达资本主义社会的企业平均寿命是 12.5 年，日本企业的平均寿命则达到了 30 年。

相比老牌的资本主义国家，中国民营企业虽然出现较晚，但是时间上的新，并没使中国企业在创新方面领先一步，反而因为中国企业管理者用旧思维去经营新企业，导致企业因为缺乏创新而整体性短命。

在一份关于中国企业寿命的调查中，中国在 1993 年以前成立的民营企业，整体的寿命只有短短的 2.5 年，21 世纪以后成立的企业，平均寿命则达到了 7 年。而另一份报告则给出了更严峻的数据，数据显示，中国的中小企业的平均寿命只有 2.5 年，那些规模庞大的集团性企业的平均寿命也不过 7 到 8 年，所有中国企业的平均寿命还不到 4 年，远远低于欧美日等老牌资本主义国家。

这其中的重要原因就是企业缺乏创新意识，没有创新的支持，这些刚成立不久的企业很快就失去了竞争力。有些企业甚至从一成立，就开始落后了，吃几年青春饭的想法让企业一开始就注定了短命的结局。

由此也可以看出，时间并不是一个企业衰老的最重要因素，只有懂得不断创新的企业才能青春永驻。

◎ 创新需要广阔的视野

古人云：欲穷千里目，更上一层楼。意思是说登得高才能望得远。英国伟大的科学家牛顿也曾经说过："如果说我比其他人看得更远一些，那是因为我站在巨人的肩上。"

由此可见，一个人做出的决策有多大的前瞻性，取决于他在这一领域的视野宽广度。而一个人在某一领域的视野宽广度，除了与其学识水平和生活阅历有关之外，还取决于他对这个领域的认识和理解程度。

对于企业管理者来说，是否拥有广阔的视野决定了这个人能否成为一名优秀的创新人才。

那些墨守成规型的管理者，囿于认识的局限，他们的行动常会畏首畏尾，业务也不能得到拓展，他们的职业生涯发展必然会遇到层层阻碍。而那些创意型的管理者，却总是可以在更高的立足点上对整体工作进行审视，他们的努力开拓，为企业赢得美好明天的同时，也为自己未来的职业生涯打下了坚实的基础。

在一个国内知名的家电企业，孙京岩担任电热事业部的经理。该品牌的电冰箱和洗衣机是大家所熟悉的，不过他们生产的热水器却并不被认可。

刚开始的时候，常常有顾客会问："你们也出热水器吗？"每次遇到这种情况，孙京岩都会感到万分尴尬。在当时，他们公司的电热水器月产量不足万台，就连同行也说："小家电不是你们的强项……"

不过，面对这种情况，孙京岩并没有放弃，而是开始理性思考自己部门的前途：随着人们消费和住房水平的提高，热水器和其他电器一样，会在家庭中普及，所以小家电必然也会孕育出大市场。而想使公司的小家电在市场上占优势，就必须在原有基础上创新，不论是产品性能还是质量，都要做到行业第一。

经过一番思考和调查后，孙京岩决定把电热水器研发作为发展突破口。这个时候，国内有很多媒体报道了电热水器因为漏电而伤人的事件，这给了孙京岩很大触动：如果能使电水分离，是否能避免伤人事件发生？随后，他带领电热事业部全体员工，全力投入到研发当中。

1996年，该企业生产出了第一台水电分离热水器，一进入市场，就被抢购一空，从此在小家电行业开始占有一席之地。原来被称为"冷衙门"的电热事业部，也成为该公司的王牌。

这样的成绩并没有让孙京岩感到满足，他知道，在市场上只有不断创新，才能保住自己的领先地位。于是大家共同努力，开发了多种热水器。目前，电热事业部已经成为该公司颇具竞争力的部门。

孙京岩的成功，值得每个人借鉴。在大家都不看好电热事业部的时候，孙京岩却能通过对社会情形的分析，得出对自身发展最有利的结论；当自己产品在市场取得成功时，他又能再次高瞻远瞩，看到市场中所存在的激烈竞争，并制定相应的策略，以保持自己所具有的市场竞争优势。

像孙京岩这样的优秀的管理者能够带领整个部门主动创新，不仅为自己，更可以为自己的团队以及企业赢得了更好的发展空间。对于很多中层管理者而言，创新并不仅仅是技术的更新或者制度上的改进，而是要立足全局，以更高更广的视角来审视个人和团队在未来的发展方向。

广阔的视野是每个企业管理者所必须具有的，而且是现代企业的经营决策者所必须依赖的东西。假如一个领导者缺乏思考的能力与开阔的视野，不善于突破旧有观念接受新生事物，只是将认识局限在狭隘的范围之内，那他就很难在工作中打开局面。

在 1935 年之前的英国，出版商从未将一本书的价格定为 6 便士，以当时的眼光看来，这样的定价简直低得不可思议。出版商考虑的问题是怎样把读者口袋里的钱放进自己口袋，所以他们总是尽量把书做得精美，以便能定更高的价格。

出版商们的思路是：用铜版纸来印刷，这样字迹看起来会更舒服，加上大幅图片会使图书更吸引人，留下大块空白能使读者省去许多阅读时间。更重要的是英国读者大都是贵族，他们有钱，精装书能展现自己的与众不同。所以，通过这些方式书商能赚不少钱。

小出版商艾伦·雷恩也想使自己的钱包鼓起来，不过，他的做法与其他出版商不同，这样的做法来源于他独特的思考与判断。

艾伦·雷恩创立的企鹅出版社决定出版很少有人出版的平装书，面向的是普通的大众消费者。艾伦·雷恩的做法显然违背了传统，其他书商质疑他的做法："既然我们定价 7 先令都只能赚一点儿钱，你怎么可能定价 6 便士？"就连与他合作的作者，也担心自己拿不到版税。

但是，艾伦·雷恩顶住了压力，终于把平装书做了出来。企鹅出版社的平装丛书一经推出，立即获得了读者的一致好评，因为它迎合了大众阅读的需要。

　　高瞻远瞩的艾伦·雷恩开创了平装书籍的经营理念，奠定了企鹅公司的品牌文化，他本人也成为英国出版史上一位赫赫有名的人物。

　　艾伦·雷恩是成功的，无论是他在经济方面的收获，还是他在历史上所获得的地位，都是令人羡慕的。他之所以能够获得成功，首先得益于视野的开阔。在其他出版商没有意识到普通读者的巨大消费潜力时，他就已经有所察觉，并为此进行了相应尝试。艾伦·雷恩改变了传统的出版习惯，开始针对大众出版价格低廉的平装书，而他的这一做法极大地迎合了社会潮流，这为他获得成功打下了最坚实的基础。

　　"一个不想当将军的士兵不是一个好士兵"，任何企业员工要想成为管理者，都必须要有突出的业绩。良好业绩的获得除了勤奋努力之外，创新也十分重要。创新既能提高工作效率，又能提高工作的质量，保证了质量和数量，自然能够得到企业的认可和重视，提拔升迁也将会是水到渠成的事情。

　　在工作中，除了培养自己的各项业务能力之外，还必须丰富自己的阅历，懂得用发现和开拓的眼光来看待事物，解决问题。只有站在别人所不能达到的高度，对行业趋势和自身发展方向判断精准，才能爆发出强大的创造力。

◎ 创新并不是没有计划的冒险

　　无论何时，创新对于企业管理者来说都是一项必备的技能。但是，创新是有风险的，任何一种新生事物的诞生都不是一件容易的事。因此，企业管理者需要让自己具备创新的思维，以便让公司在竞争中占据优势地位，但同样需要谨记：只有经过充分准备和周密计划的创新，才能结出我们所希望得到的果实。

2006 年，某公司要招聘一名业务经理，这吸引了很多有能力、有学问的人前来参加应聘。在众多应聘者中，有 3 个人的表现非常突出，一个是博士甲，一个是硕士乙，还有一个是本科生丙，最终的胜出者将在这三人中间产生。

经过层层考虑，公司最终给这三人出了一道题目：

很久前，一个商人出门送货，不巧正赶上下雨。因为有一大段山路，商人就去牲口棚挑了一匹马和一头驴。路非常难走，驴疲惫不堪，求马替它驮一些货物，但马非常不愿意，最后驴因为体力不支而死去。商人只得将货物都移到马身上，此时，马的内心开始后悔了。

又走了一段路，马实在吃不消，央求主人替它分担一些。此时的主人还在生气，不但不肯帮助马，还斥责它说："假如你当初愿意替驴分担一点儿，现在哪会落得如此下场？"

过了一会儿，马也累死在路上，商人最后只好自己背着货物去买主家。

对应聘者提出的问题是：商人应该怎样做才能让牲口把货物运往目的地？

博士甲的回答是：把驴子身上的货物减少一些，让马来驮，这样都不会被累死，并且也能将货物顺利送达。

硕士乙的答复是：应该把驴身上的货物卸下一部分让马来背，再卸下一部分让商人自己来背，这样他们就会走得更顺利。

本科生丙思考了一下，非常冷静地回答：下雨天路滑，又是山路，根本就不应该用驴和马来运送货物，应该选用能吃苦且有力气的骡子去驮货物。商人根本就没有考虑过这个问题，所以造成了重大损失。

最终，本科生丙顺利拿到了聘用合同。

面对问题，博士甲和硕士乙都能开动脑筋去寻找解决问题的方法，但他们的方法都不是最好的，或者说他们的考虑都是不全面的。他们只是从过程中看到了问题所在，而他们的措施也没有使问题得到彻底解决。

相对而言，本科生丙虽然没有他们那样的高学历，但是在问题的考虑上，却要全面许多。当人们都在关注过程中的问题的时候，他却能从根本上发现问题，当其他应聘者还在纠缠谁应该多负担一些货物的时候，他已经认识到这位商人在最开始的时候，就选择了错误的工作方式。通过这样一道测试题，丙展示出了他对工作创造性的规划能力，而这也是他能在竞争中胜出的关键。

全球著名的家用清洁用品公司宝洁，曾因为在创新方面准备不足，交过高昂的学费。

2002年，宝洁为对产品进行创新，研发部开发出一个新的沐浴品牌，"激爽"沐浴露，并耗费10亿元广告费将它推向市场。

宝洁的市场部本以为这会成为一针强心剂，按照他们的预期，产品会迅速占领中国大陆市场，并成为公司收入的支柱。但让人大跌眼镜的是，"激爽"的市场销售成绩一直平平。到了2005年，宝洁公司失去耐心，宣布出于长远发展的考虑，停止对这一品牌的生产和销售，正式宣告创新失败。

后来，有专家分析，"激爽"失败的原因，就在于它的概念过于超前。在欧美国家，"振奋精神、舒缓精神"的沐浴理念是非常普及的，但在中国，这一理念还不能被大众消费者普遍接受。

宝洁公司先超前创新，又试图通过广告让人们改变消费习惯，最终只能败得一塌糊涂。

"激爽"品牌失败的原因，就是宝洁公司没有分析清楚中国市场的具体行情。在欧美国家适用的理念，在中国也许会出现水土不服的状况，在欧美国家可以瞬间打开销路的产品，在中国也许可能遭遇滑铁卢。

宝洁公司的例子正是缺乏计划，冒险创新，最终遭受失败的典型案例。每一个管理者，都应该从宝洁失败的教训中认识到在创新时制定周密计划的重要性。

创新不是请客吃饭，为了博名声赚噱头可以随意为之；创新更不是企业片刻难离的续命灵丹，为了它可以不顾一切。因此，每一个企业管理者在创新之前，都要正确地看待创新这种行为，要辩证地看到创新的利弊。创新对一个企业来说，并非易事，需要花费大量的人力、财力和物力，如果随意为之，不但不能给企业发展带来帮助，还会让企业背上沉重的负担。

因此，任何企业在创新过程中都不应将其过度神圣化，不要毫无计划和目的地盲目创新。在制订创新计划时，企业要根据自己的实际情况和需要，做到合理适度，严控风险。

作为企业管理者，当你决心去做一些创造性的尝试的时候，一定要考虑这种创新是不是公司所迫切需要的，是否可以产生理想中的效果，在执行的过程中，又需要承担什么样的风险。

只有把一切都考虑周全，你才能称得上是一个优秀的创新型人才。

成为卓越管理者的 7 个关键词

◎ 自　律

　　"领导力"这个词经常出现在一些管理学论著中，市面上有各种各样的关于领导力的书籍。企业开会也鼓舞员工，好好工作，只要业绩突出，就有机会被提拔成为领导。

　　但有的人有幸成为领导后，却发现领导的工作并没有想象中的那么轻松，相比普通员工，领导的压力和工作量都要大很多，当然最重要的还是管理下属的问题。

　　"请问，你喜欢被人管理吗？"如果你这样问一个人，那么可以肯定绝大多数人的回答是不喜欢，因此管理的难题就在于此。领导者想管理下属，下属却不想被管理，两者之间就会产生矛盾。领导者想要轻松、高效地管理，就要懂得一个词——领导力。

　　领导力是指在一定的范围内提高团队的办事效率，用最低的成本完成任务的能力。成本和团队效率就是一个领导领导力的外在表现，领导力强，团队就合作无间，就能以较快的速度和较小的成本来完成任务；领导力差，就可能导致团队无法有效合作，完成任务的时间就会延长，造成公司资源的浪费。因此，领导力的关键就在于管理。

关于领导力，马云曾经在公开场合说过："我对于互联网不怎么在行，员工懂的那些我都不懂，他们做的项目我也很难插手。但是我能够管理好他们，原因就在于领导力。领导就是一种影响他人的过程。没人喜欢被管理，但人们能够接受被影响，因此领导力就是自律，领导者把自己管好了，就会影响到下属，下属就会服你，这样管理起来就会事半功倍。"

深圳有一家在全世界都有影响力的民营企业，而让人吃惊的是这家公司的董事长林德有却只有小学文凭。该集团的员工都是本科以上，其中有相当多的硕士、博士，还有不少海归。很难想象，一个只有小学文凭的人是如何来管理这些人的。其实林德有的管理方法很简单，那就是自律。

刚创业之时，林德有那时候还不懂什么叫领导力，也不懂得如何成为一个好领导，他每天要做的事情很简单，就是以身作则。当在工作中出现差错，他会像批评其他人一样批评自己，当着众多员工的面检讨自己，并且在以后的行为中加以改进。林德有知道自己脾气差，起初，他经常对员工发脾气，后来他发现发脾气很不好，于是决定改正，每次要发脾气时都会闭上眼深呼吸十次，等到怒火平息，心情平和时再跟员工沟通。渐渐地，员工发现林德有很少发脾气了，起初觉着很诧异，继而是佩服。

林德有以前也很喜欢抽烟，而公司的制度是不允许在办公场所抽烟的。起初林德有并没有在意公司的制度，经常当着员工的面抽烟。

后来有一次，林德有听到有个员工说："公司不允许抽烟，老总却自己抽烟，自己定的制度自己都做不到，怎么能要求别人做到呢？"为此，林德有特意在会议上说："我之前听到有人说我吸烟的问题，作为领导者，我这种行为是不对的，是违反公司制度的。现在我当着大家的面，向你们保证，我一定会戒烟，公司的制度不能因为我而有例外。"经过努力，他终于摆脱了烟瘾。这次事件后，林德有在员工心中的形象一下子高了许多，在他的影响下，很多私下有抽烟行为的员工也开始戒烟。

后来，公司进行员工培训时，林德有向培训讲师请教管理公司的方法，讲师让他讲述他平时是如何管理公司的，林德有一一道来，讲师听完后，沉默了一会儿，说："你已经是个合格的管理者了。"林德有不解。讲师说："管理的难处就在于领导员工，这和管理者的领导力是息息相关的，而领导力的本质就是自律。你不断改正自己的缺点，这就是自律的过程，在这个过程中员工会受到你的影响，进而接受你的管理。"

林德有恍然大悟，原来管理并没有那么复杂，只要把自己管好就行了。这就是公司里的员工虽然学历都比林德有高很多，但是都乐于被林德有管理的原因。

由此可见，领导力的本质并不是管理别人，而是自我管理，当管理者把自己管好了，别人也就再也找不到不服从管理的借口了。孔子曾说过："其身正，不令而行；其身不正，虽令不从。"意思是：如果管理者能够严于律己，那么不用下命令，被管理者也会跟着行动起来；相反，如果管理者自身不端正，而要求被管理者端正，那么纵然三令五申，被管理者也绝不会服从。而从"不正"到"正"的过程，说白了就是一个领导者自律的过程。

对管理者来说，领导力的强与弱在很大程度上取决于他能否严于律己，这也是一个优秀管理者和平庸管理者的区别。对企业来说，员工数量的多少往往并没有那么重要，重要的是如何依靠现有的人力、物力等资源创造出更多的利润来，而这恰恰是最考验领导力的。

小米公司董事长雷军说："要想管理好你的下属，那么就先管好自己吧。"事实上，雷军也是这么做的。提到小米公司时，人们首先想到的就是雷军，因为这家公司已经鲜明地打上了"雷军"的烙印。小米公司在短短的几年时间里，一跃而起成为国内破百亿美元的公司之一，这不能不说与雷军的领导力息息相关。

随着小米公司的发展，雷军不断地加强自我管理，完善自身的缺点，使领导力逐渐加强。在他的领导下，小米公司员工团结一致，同心协力，终于使小米公司脱颖而出，成为一匹黑马。

因此，领导力的本质就在于自我管理，也就是说管理的目的不是管理他人，而是认清自己、改善自己的缺点，这样下属才能信任你，才会愿意跟你共事。当你能够把自己管好的时候，你会发现管理已经相当简单，你几乎不用再费心思和精力，下属就会自愿听从你的管理，因为你已经用自己的行动影响了他，带动了他。

总之，提升领导力的过程就是管理者不断完善自身的过程，无论你是刚登上领导岗位，还是一个具有多年经验的管理者，又或者是某家公司的CEO，如果你想要拥有强大的领导力，就要学会自我管理。

如果你志在成为一个好的管理者，那么请先从自律开始吧。

◎ 榜 样

某网站曾经举行过一次针对领导者的投票，这次活动有 13000 多人参加。投票结果显示，员工对于领导者有较高的期望，如希望领导者有独特的个人魅力，平易近人等。在领导者激励措施的那一项中，95% 的人选择了"上司的敬业与勤勉，为员工做好榜样"一项，远远超过金钱奖励、领导夸奖等其他选项，因此可以看出管理者以身作则的重要性。

电视剧《亮剑》中，李云龙大字不识几个，而且身上的毛病还不少，但就是这样的一个人，竟然带出了一支所向披靡、攻无不克的军队。这是为什么？原因就在于李云龙能够以身作则，用自己的一言一行去阐释亮剑精神。在冲锋时，他身先士卒，奋勇杀敌；在面对比己方多几倍的敌军时，他沉着冷静，敢于亮剑；在被敌人包围时，他与战士同生共死，带领战士们努力与敌人周旋……

可以说，李云龙成功的原因就在于他把一切他所能做的全都做到了最好。试想，如果李云龙在面对困难时自己先乱了阵脚，手足无措，手下的士兵还能视死如归、奋勇杀敌吗？在公司中，管理者的一举一动都是员工关注的焦点，但是同一个公司，不同的管理者，在员工那里的"待遇"却是不一样的。有的管理者人气极高，他布置的任务，大家抢着去做；而有的管理者则"众叛亲离"，他布置的任务，大家理都不理。那么为什么会这样呢？原因就在于有些人像李云龙那样用自己的行动成为下属的榜样，而有些人则是有困难别人上，有功劳自己上。群众的眼睛总是雪亮的，像这种畏难抢功的管理者，怎会有人愿意追随他呢？

作为管理者，如果不能以身作则，以德服人，就无法取得下属的认可，等待他的将会是失败。而那些真正懂得领导的管理者，心里都明白一个道理：要想让下属做到某件事，自己先要做到最好。管理者都希望自己有聪明能干的下属，将心比心，下属自然也希望自己能够有个聪明能干的领导，因为只有这样，下属才会觉着跟着管理者有前途，才会死心塌地跟着管理者做事。

国内某电脑公司总裁一直把"以身作则"四个字挂在办公桌对面的墙上，勉励自己身先士卒，做下属们的榜样。他带领下属，由20万元起家，将企业发展成为今天有上百亿元资产的大型集团公司，成为中国电子工业的龙头企业。

他曾为自己的企业定下了一条规则，开20人以上的会迟到要罚站一分钟。这是一项很严肃的规定，任何人都必须执行。事情很巧，第一个被罚的人正是该总裁原来的老领导，两个人都感到很尴尬，罚吧，老领导年纪也不小了，自己心里也过意不去；不罚吧，有制度在那里。于是，该总裁低声跟老领导说："您先在这儿站一分钟，今天晚上我到您家里给您站一小时。"

而该总裁本人也被罚过三次，其中有一次是他被困在电梯里，使劲敲门希望有个人听到并帮他请个假，但敲了半天也找不到人，等从电梯出来后他没做任何解释自觉地罚了站。

该总裁总结成功经验时说："创业的时候，我没有提供高报酬，我凭什么吸引人？就凭着我多干，能力强，拿得少，来吸引更多的志同道合的同志。"

身为管理者，要求别人做的事，自己首先要做到；禁止别人做的，自己坚决不能做。只有这样，你才能真正地发挥出身为管理者的影响力。相反，如果一个管理着拿着自己都做不到或不愿做的事情要求下属去做，那是没有一点儿说服力的。这样的管理者不会有任何影响力，下属们就算执行，心里也必然是带着怨言的。

由此可见，领导力往往不是由语言体现出来的，而是靠行动，一次有力的行动胜过千言万语。管理者直接面对的是众多的下属，一举一动都在下属的眼中，因而管理者就是下属的一个风向标，当管理者开始行动时，下属也会跟着行动；当管理者办事拖拉，那么下属办事就会推诿扯皮。因而管理者要做好榜样，这样管理起来，才能得心应手。

管理者要做好表率，就要做到以下几点。第一，要树立公平公正的管理者形象。这点是非常重要的，一个处事不公正的管理者是难以服众的，而且不公正的环境往往会让下属没有安全感，自然也就谈不上信任。第二，要主动、宽容。管理者要主动去做表率，而不是被迫去做。在管理下属的过程中，难免会碰到下属做错事情的时候，这时就要学会宽容下属，这样就会在下属心中树立一个大度、宽容的管理者形象。第三，要表里如一，言行一致，否则就会让下属认为管理者很虚伪，从心里轻视管理者。第四，要有耐心。俗话说，得人心者得天下，但人心并不是短时间内能够赢得的。因而管理者要有耐心，坚持以身作则，持之以恒，自然能够获得下属的认可。

请记住，身教大于说教，无声胜于有声，当管理者以自身为员工做榜样时，便会发现管理竟然如此简单。

◎ 无 私

每个人都有七情六欲，这也导致了每个人都会有自己的喜好。管理者在管理的过程中，也难免会重用一些自己喜欢的人，然而这种做法是不可取的，带着感情去看一个人，往往无法将其看清，一旦所任用的人不符合岗位的要求，那么就有可给公司带来损失。

在《三国演义》中，蜀汉丞相诸葛亮继承先帝刘备的遗志，誓师北伐。在这次北伐中，蜀军原本进展顺利，在诸葛亮的运筹帷幄之下，三下五除二便打垮了魏军统帅夏侯楙。但是好景不长，魏国新任统帅司马懿恰是诸葛亮的劲敌。

司马懿上任之后，任命大将张郃为先锋，来势汹汹。而此时诸葛亮却犯了一个致命的错误。街亭是一处要塞，同时也是蜀军粮道上的咽喉，如果街亭失守，蜀军的后路就会被魏军截断，因此，街亭守将的人选就成了重中之重。这时，马谡站了出来，毛遂自荐去守街亭。诸葛亮虽然觉得有些不妥，但禁不住马谡苦苦哀求，便答应了他。

统兵来到街亭之后，马谡暴露了自己刚愎自用的本性，他不听副将王平的劝告一意孤行，结果被司马懿打得大败。失去了街亭，蜀军全军都处在危急之中，随时有被包围的危险。幸亏诸葛亮应变及时，马上率领大军撤回了汉中，才让整个局势转危为安，但北伐前期所取得的那些成绩，全都付诸东流了。

刚愎自用的马谡成了蜀国的罪人。事实上，诸葛亮是很信任马谡的，马谡跟着他南征北战，出谋划策，两人之间虽然名义上是领导与属下的关系，但实际上情同父子。然而这一次，马谡捅了这样一个天大的娄子，诸葛亮虽然心里难受，却也无法包庇他，只得下令将马谡斩首，以谢三军。

临刑前，马谡对诸葛亮说："丞相视我如子，我敬丞相如父。这次我刚愎自用，招致兵败，军令难容，丞相将我斩首，以诫后人，我罪有应得，死而无怨。只是希望丞相在我死以后可以照顾好我一家妻儿老小。这样我也就放心了。"听到这番话，诸葛亮百感交集，老泪纵横。要斩掉马谡这个既亲密又器重的将领，让他心若刀绞；要是存了私心，免他一死，以自己的威望并非办不到，但这样一来，又会亲手打破自己一直强调的军法，以后就再也无法理直气壮地号令众将了。

思前想后，诸葛亮还是咬牙杀死了马谡，并且上表向后主请罪，说自己用人失误以致兵败，希望皇帝将自己连降三级，从丞相降为右将军。

诸葛亮的这番处置令麾下诸将无不动容。就连最亲信的将领打了败仗也一定要斩首，就连自己犯了用人失误的错误也要受到惩处，诸葛亮治军如此大公无私，麾下众将又怎能不心悦诚服地听其号令呢？

身为管理者，你的手中握着赏罚任免的大权，无论是赏是罚，是任是免，都应该像诸葛亮那样，保持一颗公心。IBM公司第二代总裁小沃森在回忆录中表达过这样的意思："我总是擅长提拔我不喜欢的人。那种你喜欢的人，比如事事为你考虑周全的助手，那些能和你一起玩耍的下属，都是你领导中的陷阱。因此，我总是选择一些精明能干、令人讨厌的人，把这些人安置在我的身边，听取他们对我提出的建议，这样我就能知道我哪些方面还做得不够。当然，在任用人才时，我有个原则，就是任人唯贤，而不是以眼前的这个人是我喜欢的、还是厌恶的作为标准。"

由此可见，管理者要做到知人善任，在任用人才时就要摆脱感情束缚，摆脱个人好恶，更重要的是要以公司的制度为依据，选择最合适的人才，而不是最喜欢的人才。要知道公司的发展和个人的发展是相辅相成的，两者有共同的利益，公司好，管理者就好。

因此管理者无论公事还是私事，都要学会以公司制度为主，而不应该夹杂个人好恶，要学会一碗水端平。

有人觉得，凭个人好恶管理下属是人性化管理，其实这种说法是错误的，人性化管理是指以人为本的管理，而不是以个人好恶为基础的管理。因此，管理者在管理下属时就只有一个标准，那就是公司的制度。按照公司制度，对表现好的下属进行嘉奖，对表现差的下属进行批评，并要求他改善。公司制度能够在很大程度上保证公司员工处于一个相对公平公正的环境中。

阿尔弗雷德·斯隆有句名言："我只评价表现，不评价个性。"在公司中，斯隆不会表现出自己的好恶，也不喜欢点评下属，他对每位下属都是同样的态度，他向来是对事不对人。在工作中，他有功必赏，有过必罚，根据才能来任用人。因此，即使是跟着他工作多年的下属，也不知道他到底喜欢哪位员工，厌恶哪位员工，但他们所有人都知道，斯隆有一颗大公无私的心。

管理者要做到以下几点，才能避免因个人好恶和私心给公司带来损失。一是要注意跟与自己相似的人的关系不要太密切；二是要学会辩证地看待自己不喜欢的人；三是要对事不对人；四是不管遇到什么事情，都要以公司的制度为依据。做到了这几点，你就是一个大公无私的优秀管理者。

◎ 自 信

自信是一个人能有所成就的重要因素，自信能够让一名普通的管理者一跃成为一名优秀的管理者。

自信就是要相信自己，管理者要相信自己，并在公众面前表现出这种自信。这种自信会转化为外在的表现，如强势、力量、坚定，这样的管理者无疑是受人欢迎的，这样下属就会认同他，管理者就会因此而越来越自信，有朝一日终将成为运筹帷幄的帅才！

这并不难理解，我们举一个最简单的生物界的例子。狮子在确定目标后，就会勇猛向前，用尽一切可以用的办法去捕获猎物。不管它是袋鼠、羚羊等跑得较快的动物，还是野牛、大象等体形巨大可以与狮子抗衡的动物，狮子都不会因困难而退缩，相反还会有一种捕不到猎物誓不罢休的自信。正是这种自信，成就了狮子的王者美誉。

管理者，是要掌管很多下属的人，是要带领下属创造更多业绩的人。有人说，管理说到底就是一种影响力，而自信的价值体现在管理者能够用自信去感染下属上，获得下属的认同和追随，那样也就成为下属心灵可以依赖的领袖了。正如一句古老的格言所说："一个人，若是相信自己，征服世界也就指日可待。"

所以，要想成为一名杰出的管理者，就必须拿出狮子那样永做王者的自信，即相信自己一定会有所成就，并确信自己有能力去应对任何棘手的问题，而不会被困难和挫折所击倒。

法兰西第一帝国缔造者拿破仑·波拿巴就有着与生俱来的王者般的自信。他说过一句经典的话："我成功，因为我志在成功。在我的字典中是没有'不'字的。"这种自信，使他成为率领数十万大军的法国皇帝，也使我们领略了什么才是真正的王者之风。

1769 年，拿破仑·波拿巴出生于地中海的小岛——科西嘉，他的家族是一个没落的贵族世家，日子过得相当清贫。但年少的拿破仑却满怀志向，他曾自信地对父母说："我们不要在这块小地方生活了，现在的拿破仑不再是科西嘉的拿破仑了，而是世界的拿破仑了。"

后来，拿破仑在父亲的安排下到法国布里埃纳军校接受教育。这是一所贵族学校，在这里，一些同学夸耀自己的富有并讥笑他的穷苦，他既愤怒又无奈，但每一次的嘲笑和欺辱都让他增强了决心："我一定会出人头地的，做一个军官给他们看看！"拿破仑以优异成绩毕业后，真的成了一名军官。

一次，拿破仑在与敌军作战时，遭遇了顽强的抵抗，队伍损失惨重，形势非常危险。其间，拿破仑还一不小心跌入了泥潭中，被弄得满身泥巴，狼狈不堪。手下的士兵们见到拿破仑这副滑稽的模样禁不住想笑，同时暗暗担心这场战争的前景。可此时作为管理者的拿破仑内心只有一个信念，那就是无论如何也要打赢这场战斗。只听他大吼一声："冲啊！胜利一定属于我们！"说完，便继续奋勇前进了。士兵们见此，也被拿破仑的乐观自信所鼓舞。一时间，群情激昂、奋勇直前，最终取得了战斗最后的胜利。

正是凭借这种自信，拿破仑创造了一系列的奇迹：指挥了无数次战役，只有少数战败，连续五次挫败反法联军。在不到十年的时间里，他征服了大半个欧洲，当然也包括小小的科西嘉。

在实际工作中，管理者总是会碰到许许多多的问题，这种情况下，是知难而退还是勇往直前？下属们都在期待着你来做出决定。如果你充满着排除万难的自信，下属们必将奋勇前进。试想，有如此自信的管理者，下属们能不士气旺盛吗？

管理者，不应该只是告诉下属应该怎么做，而且要用自信去感染下属，激发下属取得胜利的信心。这是一种领导魅力，也是一种管理能力。如果管理者自认为卑微渺小，处处显露出不自信甚至猥琐，那就不能怪下属不信任、不服从你了。

那么，怎样才能成为一位自信而优秀的管理者呢？

1. 运用心理暗示

很多功成名就的管理者，都善于自我激励。他们相信自己是非常优秀的，未来自己一定会成功，因此他们常常不断地对自己进行心理暗示，"我是最棒的""我一定行的""我是独一无二的"等，并想象自己成功的样子。

张国强刚接手市里的钢铁厂时，钢铁厂实际上已经名存实亡了，厂里外债一大堆，还欠员工几个月的工资，因此很多人都反对张国强接手钢铁厂，张国强却自信地说："我有办法让钢铁厂起死回生。"为了能够融到资金，张国强不断地在各家银行之间跑动，终于说服了一家银行，使厂子能够正常运转起来。

不久后张国强发现，虽然厂子运转起来了，但是生产的钢铁没有推销出去，望着满厂子堆积的钢铁，员工们士气很低落。张国强开会让员工提高生产效率，有个员工抱怨说："生产效率提高了又怎样，还不是卖不出去吗？"张国强说："我既然让你们提高生产效率，就有办法将钢铁推销出去。"

会议后，张国强成立了一个推销钢铁的业务小组，但业务小组的工作并不那么简单。张国强以身作则，不断地鼓舞下属们。每天晚上和早上，张国强都会对着镜子里的自己说："我是最棒的，我一定可以克服任何困难。"

在张国强的感染下，整个工厂的气氛焕然一新，员工们都斗志昂扬，生产效率有了很大的提升，而张国强带领的业务小组，也逐渐找到了钢铁的销路，工厂慢慢地扭亏为盈，张国强也在那一年被评为最佳管理者。

正是因为懂得运用心理暗示，张国强不断告诉自己我能，最后他真的完成了这个在他人看来"不可能完成"的任务。

管理者运用心理暗示，就会发现，自己永远都充满自信，有干劲，这种自信会感染下属，影响下属，从而让下属愿意追随你。

2. 言行举止上要自信

自信还要表现在言行举止上，如走路时抬头挺胸，大步前进；与人谈话时，正视对方的眼睛，不要目光闪烁不定，躲躲闪闪；说话时，要清晰而有条理地表达，不要吞吞吐吐，让声音憋在嗓子里；同时，话语要充满信心。这样就会感染别人，吸引对方的注意力，直到让人相信。

换句话说，自信和他信几乎同等重要，要使下属相信自己，管理者就必须展示出自信，要像雄狮一样自信地征战。不要忘了你的责任，不要忘了你所处的地位，不要忘了你并不是组织中一个普通的人，而是大家的领袖、组织的领导人物。

如果你还不够自信，那就赶快行动起来。

◎ 专　注

伦敦曾有位酿酒师是这样教育年轻的徒弟的："如果你在酿酒时，脑中所想并且所做的都是关于酿酒的，那么你一定会成为伦敦最了不起的酿酒师。但如果你想同时做很多事情，比如酿酒的时候想要打开电脑炒股票等，那么最终你将一事无成！"由此可见专注的重要性。

博而泛不是成功的捷径，而是成功路上的阻碍。要想铸就成功，就要将所有精力放在一件事情上，不管周围的环境如何变化，都不为所动，这就是专注。你是否专注地做过一件事呢？比如一天8小时中都心无杂念地做着一件事，如果你曾亲身体会过，那么就可以发现专注的巨大能量。专注能够让你挖掘出自己的所有潜质，在忘我的状态下创造奇迹。

欧文·伯克斯顿曾经说过这样的一句话："想要实现自己的人生价值，那么你就要学会专注，专注做事，而不是一时处理多个事情，否则就像是追着两只兔子跑，最终将一无所获。"

作为管理者，如果你不想抱憾终身，而想要成就一番大事业，那么你就需要将自己所有的精力都集中在一点上。

不知道你有没有听过这样的一则寓言：有一个好心的农夫，他总是忙忙碌碌，却又一事无成。当他看到有人在树上钉木板的时候会上前帮忙，不过他会这样对那个人说："这块木板不太合适，要是锯掉一些就完美了。"为了锯木板，他又去找锯子。没做两下，他又停了下来，他想"锯子还是磨快了好用些"。于是他又去找磨锯子用的锉刀，接下来他发现锉刀需要安置一个手柄才好用，就到森林中去寻找适合做手柄的小树，可是砍树少不了锋利的斧子，他只能去找磨斧子的石头，想要固定石头还需要支撑的木条，而木条的制作需要木匠用的凳子，做这个凳子需要完备的工具……

就这样，时间过去了，这位农夫早就忘了最初他要做的是什么。显然，这位农夫是一个用心不专的人，而这样的人注定只能失败。有些管理者认为自己面临的问题是要避开狭隘的人生观，他希望自己成为无所不能的人，但现实中真的有这样的人存在吗？专家们研究一个课题很可能要花费一生的时间，如果你希望同时精通所有领域，那是不可能的，你需要做的就是将自己的所有精力都放在一件事情上。

你可以去看看那些辛勤的园丁是怎样打理树木的，他们不会任由那些树木自由生长，他们往往会剪掉很多枝叶，即便那些枝叶也有开花结果的可能。原因是什么呢？因为他们要让这些树木长得笔直高大，开出美丽的花，结满累累的硕果，那就必须剪掉一些旁逸斜出的枝叶。花匠们则会将一些即将绽放的花苞剪掉，这样做只是为了让少数的花苞绽放出最娇艳、美丽的花朵。

做管理就应该像培植花草一样，每一次只做一样事情，不要让无意义的事情分散自己的精力，这样你才能全力以赴，取得杰出的成绩。

曾经有个叫作戴维·波比的植物学家决定要创造一个奇迹。我们都知道金盏花是种非常美丽的花，但是就在十几年前，却没有一朵金盏花招人喜欢，这是什么原因造成的呢？金盏花样子虽然好看，但是它有着让人难以忍受的臭味。一般的花朵都是馥郁芬芳的，而金盏花却恰恰相反。但波比认为平凡到无人问津的花草一样可以培育成娇艳迷人的品种。

于是他开始了自己的实验。为了培育出一种没有臭味的金盏花，他四处搜寻变种的金盏花，然而找遍了全世界，搜集了640种，都没有找出一朵没有臭味的变种。但他没有停止寻找，最后终于在中国西藏得到了一种没有臭味的金盏花种子。但这并不代表他成功了，因为这种金盏花虽然没有惹人厌的味道，但花朵非常小，看起来就像路边的野花一样不起眼。

不过波比是一个植物学家，他相信通过各种品种的杂交，经过漫长的时间后一定可以培育出既没有臭味又美丽的金盏花。于是他使用了35亩的田地，将所有的金盏花种了上去。之后等花儿们都长大了，他就交给工人一个非常艰巨的任务——闻遍35亩田地上的每一朵金盏花，直至找出没有臭味的美丽花朵。这个任务让工人觉得非常难以置信，35亩田地！数不清的金盏花！要将每朵花都闻上一遍，花上几十年也不稀奇！于是波比又突发奇想地创造了一种专用于他实验的职业——闻花员。

通过职业介绍所的帮助，大概有两百个闻花员上岗了，开始了闻花的工作。这看起来太疯狂了。但是专注于培育没有臭味的金盏花的波比知道自己在做什么，而周围的一切反对也好嘲笑也罢对他都没有影响，他的脑海里和生活中除了金盏花培育之外就没有其他的事情了。

终于有一天，工人兴奋地跑来告诉他，在这35亩田地中有一朵美丽而没有臭味的金盏花！这个事实让所有人都兴奋不已，波比更是激动，因为他终于做到了。无论花费了多少时间、精力，他终于完成了自己的梦想。

你觉得戴维·波比是一个有魅力的人吗？其实任何一个全身心投入某件事的人都有着一种迷人的魅力。专注而认真是成功人士才有的领导风范。

你可以看一看周围，大多数管理者都庸庸碌碌地过日子，在这些人当中能够脱颖而出的实在少之又少。在这些人中，有些人有着天生的成大事的思想和天赋，但这些人实在是少得可怜，而且其中的一些人因为后天的懒惰而荒废了自己的才能。不过还有一部分管理者，他们是平凡人，但是他们能够保持蜗牛精神，懂得忍耐和坚持，长久地对某件事情保持专注，这样的人一定能成就一番大事业。

◎ 担 当

作为管理者，你也许会有自己的偶像，希望自己能够成为那样的人，那么你了解员工希望你是什么样的管理者吗？虽然众口难调，但是有一点是肯定的，那就是大多数员工都希望管理者是一个有担当的人。有担当的人才敢于负责，这样的人会让员工有一种安全感，会觉得跟着他做事踏实，有前途，因而也愿意追随这样的管理者。

什么是有担当？最简单的回答就是敢于承认自己的错误。这对于一个管理者而言非常重要。如果你有承担自己错误的勇气，那么在员工眼中，你一定是一个非常有领导风范的人，有着过人的魅力，这自然有助于你营造良好的形象。请你相信我，如果你能做到这一点，那么你的内心中也会产生一种满足感。更加重要的是，承认错误是解决问题的前提条件。在这方面，布鲁士·哈威就做得不错。

在新墨西哥州的阿布库克有一家不小的公司，布鲁士·哈威是这家公司的经理。有一次他犯了个错误：在发工资的时候他忘记一名员工请过病假，并且在核对的时候没有发现这一点，于是这个员工得到了全部的薪酬。

当他后来意识到这件事后，第一反应就是应该扣除多发的工资，当然，这只能等到下个月发放工资的时候再做了。于是他找到了这名员工，对这件事进行了说明。而这名员工当时非常不满，他请求布鲁士不要这样做，因为他现在的情况很困难，希望布鲁士可以放他一马，分期扣除多发的那部分工资。

让这名员工退回多发的那部分显然是不现实的，而分期扣除这名员工的工资就必须让布鲁士的老板批准。布鲁士在核对工资的时候出了错，他如果找老板申请分期扣除势必要说出自己的错误，老板极有可能因此而向自己发火。但是布鲁士明白，这的确是他的失误造成的，他也有必要向老板承认自己的错误。

于是布鲁士敲开了老板办公室的门。在进入老板的办公室之后，他将这件事情的始末详细地告诉了老板。让布鲁士没有想到的是老板虽然老板确实生气，但第一反应不是指责他。老板非常严肃地表示，说这都是人事部门没有好好工作的错误。

在老板这样说的时候，布鲁士完全有机会逃避责任，将自己的错误推到人事部门身上，然而布鲁士并没有这样做，他诚恳地告诉老板这是他的责任。没想到老板还是没有责怪他，而是开始指责发放工资、计算工资的财务部门。老板两次都没有指责他，他仍可以趁机撇清自己，但布鲁士仍旧坚持自己有责任。第三次，老板将矛头转向了和他同一个办公室的同事，但布鲁士依旧坚持是自己一个人的错误。最终，老板只说了一句话，那就是"去改正吧"。

就这样，布鲁士在承认自己的错误后纠正了这个错误。你认为布鲁士非常愚蠢吗？绝不是这样的。事实上，在布鲁士坚持承认自己的错误之后，他的老板更加重视他了。这是因为在老板看来，布鲁士是个非常有担当的管理者，而企业需要的就是这样的管理者。不仅如此，就连他的同事和下属们也更加尊敬他了，因为他敢于担当，没有将错误推到别人身上，任何人都愿意拥有这样的好同事、好上级。

为自己辩护是人的一种本能，在受到指责时，人们总是忍不住想要帮自己说两句"公道话"。但实际上，为自己辩护这件事本身是相当愚蠢的，对管理者来说更是如此。对明显的错误都不愿意承认，只能让员工觉得你没有担当、懦弱甚至愚蠢。但如果你能够为自己的过错负责，那么在下属的眼中你就是诚实、可信和高尚的。

罗伯特·李将军是美国历史上的名人，这个铁骨铮铮的男人之所以深受人们爱戴，不仅因为他立下了赫赫战功，更因为他是一个有担当的将军。当年，毕克德在葛底斯堡战役中吃了败仗，李将军却将责任全部揽到了自己身上，并且对此非常自责。也正是这一事件，让他麾下的士兵们更加尊敬自己的统帅了。

事情的经过是这样的。当时是南北战争时期，毕克德率领着南方军对北方军发起了进攻，这次进攻非常顺利，北方军被压制住，毕克德的军队一路欢呼，举着代表胜利的旗帜一路向前。虽然北方军尽力抵抗，但他们的失败似乎已成定局。就在南方军准备迎接胜利的时候，意想不到的事情发生了，士兵们赫然发现自己的身后出现了一支北方军队，他们被包围了！

这场战斗异常惨烈，双方甚至到了肉搏的地步，但这场战争还是以南方军的失败而告终。李将军对此非常痛苦，他认为是自己的错误导致的，虽然没有人指责他。最终他受不了痛苦的折磨，向南方政府提交了辞呈。

在这场由毕克德领导的战役中李将军完全可以置身其外，并可以将责任随便安在某个军官身上，但是他没有这样做，他甚至没有试图为自己找任何一个理由，因为他是领导者，他必须得有担当，这样才能让手下的士兵信服。在毕克德带着那些受伤的南方军归来时，李将军亲自骑马迎接，他没有说任何一句指责的话，反而一直强调是自己的错误导致了这一切。

这样的一个将军是否有大将风范呢？毋庸置疑。其实作为管理者，你完全可以将自己看作决定企业命运的将军，你要有身为将军的勇气和担当，对自己的错误不要逃避，更不要让你的员工为你背黑锅，要勇敢地承认自己的错误，这样你才能获得下属的信任与尊重，才能成为一个优秀的企业管理者。

◎ 大　气

《尚书》中说：一个人有包容的雅量，他的德行就伟大。身为管理者，只有做到容人所不能容，忍人所不能忍，恕人所不能恕，才能管人所不能管，成人所不能成。

一个管理者的品格高不高，首先要看他对下属的态度。如果用以德报德、以怨报怨、以牙还牙的方式对待下属，自然有失领导的风度。所谓"宰相肚里能撑船"，身为管理者就要有管理者的风范、管理者的修养，要有博大的胸怀和雍容的气度，可以听得进下属的反对意见，容得下员工的缺点。这样，管理者才能与自己的职位相匹配。

春秋时期，齐桓公排在春秋五霸之首，他之所以能取得如此大的成就，很大程度上取决于宰相管仲的辅佐。但是少有人知道的是，在齐桓公即位之前，管仲曾是他的仇敌和对手，甚至还曾经谋杀过他，齐桓公只是因为运气好才幸免于难。因此，当齐桓公即位后，想惩罚管仲，但是他的心腹大臣鲍叔牙劝他说："管仲是难得的人才，大王若想称霸天下，就得起用管仲，拜管仲为相。"

齐桓公最终听取了鲍叔牙的建议，拜管仲为相。管仲为了报答齐桓公的知遇之恩，充分发挥自己的政治才华，不但使齐国兵强国盛，而且使齐桓公得以称霸天下。

假如齐桓公不大度，气量狭小，一心想为当年的事报仇的话，或许就不会有日后的成就了。身为一国之君，国家的管理者，齐桓公这种任贤而不避仇的做法确实值得钦佩。

大气是一种优秀的品德，优秀的管理者往往具有这种品德。"人非圣贤，孰能无过"，对下属的过失与冒犯的处理方法，足可以区分一个管理者是优秀还是平庸：前者往往会坦然面对，以宽广的胸襟原谅下属的错误，并给予其改过的机会；后者则会大发雷霆，斤斤计较，并施以惩罚。大量事实证明，前者的做法得到的好处更多，因为管理者宽容下属的过失，换来的将是他们的真心改过和忠诚追随。

当然每个管理者都希望下属能够少犯些错误。如果下属出现了失误，管理者能在指出问题的同时，多说一些宽容的话，他就是一个优秀的管理者了。这是一种很有效的管理手段，它既能体现领导对下属的理解和关怀，又能赢得下属对领导的尊重，而且下属还会加倍努力工作回报领导的宽容。

俗语说："树有皮，人有脸。"保护别人的面子，是人际交往中一条重要的原则。每个人都希望得到别人的尊重，下属也不例外。作为管理者，更要知道面子的重要性。如果你一时激动，控制不了自己的情绪和脾气，不分场合地任由自己发泄情绪，你的气是出了，心里痛快了，但你的下属会因此感到没面子，会对你记恨在心，你也就失去了下属对你的尊重。这样你建立的是威而不是信，表面上下属会听你的，但背地里可能是另一番景象，这样的管理是失败的。

每个人都有自尊心，即使下属犯了错误，也不能随心所欲地数落他们。要知道，在人格上，每个人都是平等的，你若不能顾及下属的自尊，他们就会对你产生排斥心理，不再听从你的命令和指挥，甚至会影响到整个团队的合作。

人非圣贤，孰能无过？下属出现失误或错误是不可避免的，作为领导应当大气一点儿，包容他们的过失，懂得为下属留面子。

《说苑》中有这样一个故事：

一天夜晚，楚庄王设宴犒劳群臣，并请后宫美人出来劝酒。在众人酒酣耳热之际，一阵风将烛灯吹灭了，有人便趁机拉美人的衣服，美人迅速将那人的帽缨扯掉，并央求楚庄王赶快点灯。

楚庄王却说："今日大家与我饮酒，把帽缨都摘掉才痛快。"

当大家都把帽缨拿下来后，楚庄王才重燃烛灯，最后众人尽欢而散。

后来，楚国与晋国开战，有一名楚将奋勇杀敌，为楚国立了大功。楚庄王问他姓名，他说："我就是那晚被美人扯掉帽缨的人。"

毫无疑问，同样身为春秋五霸之一的楚庄王也是个非常大气的人，他能够宽容臣子的错误，因而得到臣子的尊重。管理者懂得给犯错误的下属留面子，换回的可能是下属的拼死相报。相反，如果管理者将下属的过失暴露在大家面前，让下属颜面尽失，除了会损失一个成员以外，起不到任何别的作用。

需要注意的是，这里所说的留面子并不是不讲原则的纵容，而是指对有过失的下属点到为止，促其自省，给其改过的机会。大气也不是指没有原则的忍让，而是不触底线的宽容。

"以怨恨回报怨恨，怨恨就没有尽头；以德行回报怨恨，怨恨就顿时消失。"这是处世的准则，也是做领导的宝典。

惠普大中华区前总裁孙振耀先生在一篇文章中表达过这样的意思："好领导要有宽广的心胸，要做一个大气的人。如果一个领导每天都会发脾气，那几乎可以肯定他不是个心胸宽广的人，能发脾气的时候却不发脾气，多半是非常厉害的领导。"

　　我们都知道有着"打工皇帝"之称的唐骏是个非常大气的人,据说他的秘书跟了他十多年都没见他发过脾气,即使下属冒犯了他,他也会一笑置之,并让下属不要放在心上。

　　无数事实证明了这一点,一个优秀的管理者最忌讳的就是心胸狭隘。管理者只有胸怀宽广,雅量高致,才能创造和谐宽松的工作环境,才能带领一个极具战斗力和凝聚力的团队披荆斩棘,不畏艰险,才能使团队、使企业走上发展的快车道。

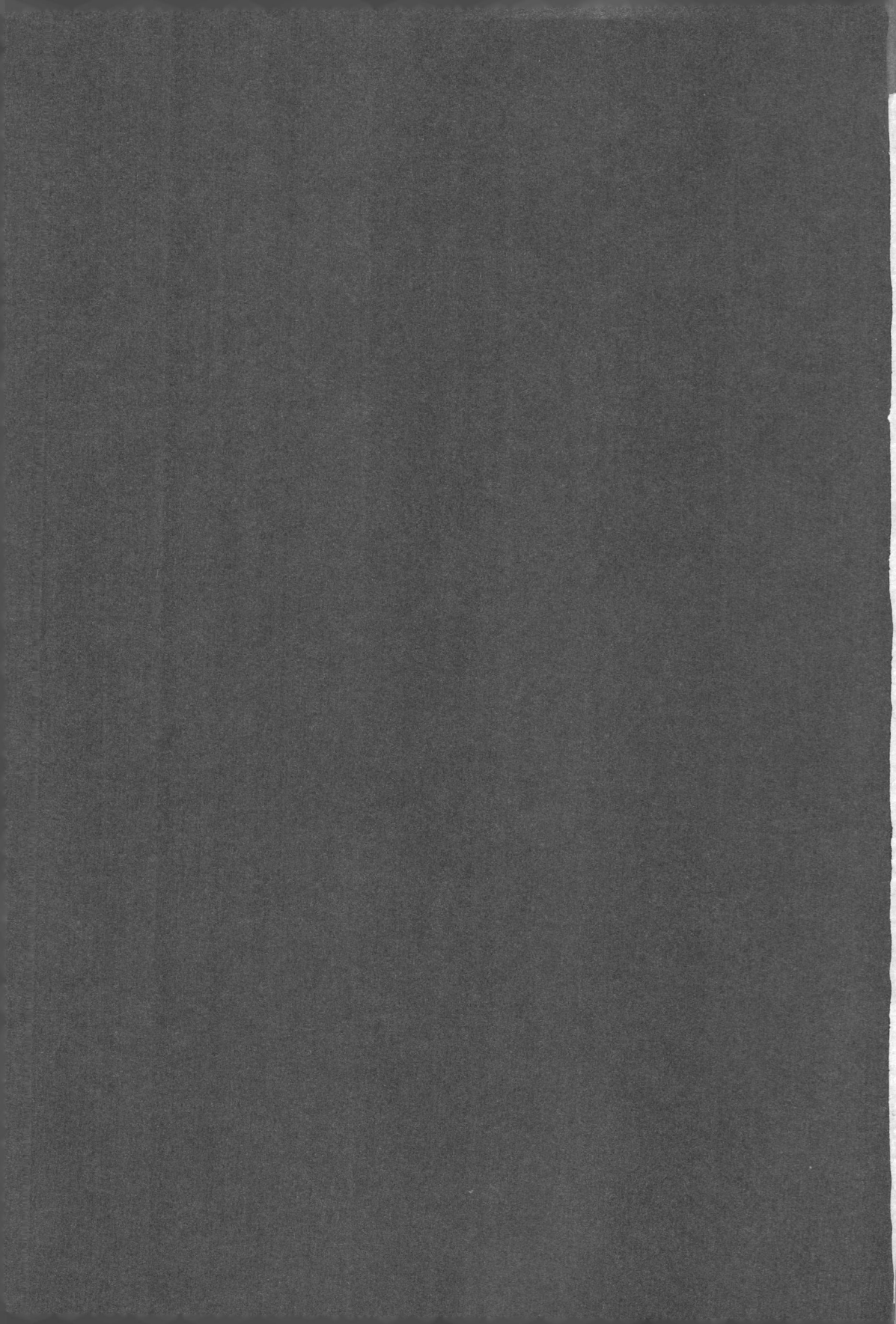